Michael Schneider

Umkehr zum neuen Leben

Michael Schneider

Umkehr zum neuen Leben

Wege der Versöhnung und Buße heute

Herder

Freiburg · Basel · Wien

Umschlagbild:
Ausschnitt aus einem Glasfenster von Maria Katzgrau (1961).
© Werkstätten für Glasmalerei Dr. Heinrich Oidtmann

Alle Rechte vorbehalten – Printed in Germany
Imprimi potest. – Coloniae, die 30. martii 1990
Alfons Höfer S. J., Praep. Prov. Germ. Sept.
© Verlag Herder Freiburg im Breisgau 1991
Herstellung: Freiburger Graphische Betriebe 1991
ISBN 3-451-22045-8

*Meinen Studenten
in Salzburg und Frankfurt am Main*

Inhalt

Erstes Kapitel

Hinführung

Die vorliegenden Überlegungen sind in den letzten zehn Jahren entstanden, und zwar in zahlreichen Gesprächen und Begegnungen vor allem mit Priestern und Ordensleuten; auch die konkrete Erfahrung als Kaplan in einer Pfarrgemeinde wie die Arbeit in der geistlichen Ausbildung von Theologiestudenten schenkten weitere hilfreiche Anregungen. Es gab kaum einen Vortrag zu diesem Thema, nach dem sich nicht ein sehr angeregtes Gespräch anschloß; das lebhafte Interesse zeigte, daß das Bußsakrament kein abgeschlossenes Kapitel ist. Da es im Gespräch vor allem um die Frage nach dem Vollzug der Buße ging, wenden sich die Ausführungen besonders an die Beichtväter und an all die, die nach einem glaubwürdigen Vollzug der Buße suchen, vielleicht sogar im Rahmen einer geistlichen Begleitung. Dabei soll im einzelnen dargelegt werden, daß die Buße kein Einzelvollzug, sondern Grundvollzug des christlichen Lebens im Glauben ist.

Das Thema entbehrt nicht der Brisanz. Vielen Christen bereitet der Gedanke an die Beichte eher eine Verlegenheit: „Ich muß wieder beichten!" Stellvertretend für sie alle findet sich bei J. Wittig die Frage: „Warum hat uns Jesus Christus nicht auch von der Beichte erlöst, wenn er uns schon erlöst hat?"[1] Die Frage nach dem Sinn christlicher Buße kommt nicht von ungefähr. Der Glaubende lebt heute in einer Welt, „für deren Aufbau und Lebensrhythmus die Vorstellung der Sünde keine

Rolle mehr spielt. Es ist eine Welt, die weder die Sprache besitzt, Sünde auszusprechen, noch Orte der Vollmacht, von Sünde loszusprechen, und die darüber hinaus beides nicht zu vermissen scheint"[2].

Die Krise, die mit der Buße zusammenhängt, wird von jungen Menschen besonders deutlich empfunden. Ein Drittel der jüngeren Katholiken im Alter von 16–29 Jahren erfährt die Beichte als „belastend", für ein weiteres Drittel bedeutet sie „wenig" oder „gar nichts", und nur für knapp 20 Prozent ist sie „eher hilfreich"[3]. Das Ritual der Beichte wird meist deshalb als fraglich hingestellt, weil der einzelne die Wirksamkeit des Bußsakraments nicht erfährt. Wenn so mancher froh und gelöst im Bewußtsein der getilgten Schuld aus dem Beichtstuhl kommt, spielt im Unterbewußtsein vielleicht eher mit, daß er dem Beichtstuhl „entkommen" ist. Vielen wurde das Bußsakrament zum „Sakrament der Angst" vor der Beichte, statt „Sakrament der Befreiung von Schuld" zu sein. Dazu sagt ein psychologischer Erfahrungssatz, daß aus Angst „produzierte" Gefühle gerade durch Wiederholung sich rasch abnützen und die eigentlichen Sehnsüchte nicht zur Sprache kommen lassen[4].

Ein anderer Grund für die Krise im Bußsakrament ist in dem „Unschuldswahn" der heutigen Zeit zu suchen. Wenn die heilige Birgitta von Schweden († 1373) zu berichten weiß: „Auf eine Person, die beichtet und kommuniziert, kommen wohl hundert, die niemals gebeichtet und kommuniziert haben ..."[5], so sind die leeren Beichtstühle von heute ein beredtes Zeichen für den „Auszug aus dem Vaterhaus der abendländischen Tradition, der alleinseligmachenden Kirche"[6], vor allem aus einer Kirche, deren Verhalten gleich dem der Eltern empfunden wird, die „das Selbständigwerden ihrer Kinder verhindern wollen, indem sie ihnen frühzeitig

Schuldgefühle einpflanzen, so als könnten sie damit die Heimkehr ihrer ,verlorenen Kinder' gleichsam vorprogrammieren"[7]. Die kirchliche Schuldpredigt scheint nur selten der realen Freiheit der Menschen gedient zu haben. Dies erweckt den Eindruck, daß die Kirche „nicht im Besitz der Pflege der Gesundheit"[8] ist. Gegenüber einer Umkehrpredigt, die durch Angst entmündigt, gleicht der Mensch von heute einem Rekonvaleszenten, „der sich täglich wohler und besser fühlt und nicht mehr recht weiß, warum man es ihm eigentlich untersagen will, an den Freuden des Lebens teilzunehmen und es sich hienieden wohl sein zu lassen"[9].

Schnell war man versucht, Menschen auf ihre Schuldgefühle festzunageln, um ihnen ihre Erlösungsbedürftigkeit zu demonstrieren; und wenn Bonaventura meint, zwei Sakramente seien schon am Anfang der Geschichte eingesetzt worden, die so alt seien wie die Menschheit, nämlich das Sakrament der Ehe und Buße[10], so wird gerade dies bezweifelt.

Ist die Sünde des Menschen tatsächlich so verheerend? Muß die nicht zu leugnende Mittelmäßigkeit des „normalen" Menschen wirklich so dramatisiert werden? Gibt es nicht Erfahrungen, die den Ruf nach Erlösung viel massiver ausstoßen als gerade die Erfahrung von Alltagssünden: „Was auf Erden könnte man mit der christlichen Hölle vergleichen, wenn nicht ein Konzentrationslager? Und was mit der Überschrift von Auschwitz, wenn nicht die unendlich schicksalsschwere Behauptung, ewige Qualen seien vereinbar, ja zugerichtet von der größten Liebe, die es je gab – und der Gerechtigkeit?"[11] Solche Fragen treffen ins Zentrum des christlichen Glaubens: In dem Augenblick, wo die *Erlösungsbedürftigkeit* des Menschen in Frage gestellt wird, steht die Botschaft des christlichen Glaubens auf dem Spiel[12].

Im Empfinden des heutigen Menschen steht nicht die Sünde des einzelnen im Vordergrund, sondern die andrängende *Macht des Bösen,* die sich in den Strukturen und Institutionen von Gesellschaft und Politik manifestiert. Und hier die Frage: Lassen sich soziale oder ethische Konflikte einfach „religiös" verbrämen? [13] Ferner stehen die Werte der Mitmenschlichkeit heute höher im Kurs als etwa die Keuschheitswerte oder Werte des Heiligen. Das Versagen in zwischenmenschlicher Kommunikation und mangelnde Empfindsamkeit gegenüber Klassen- und Rassenhaß werden heutzutage eher als Verfehlung erfahren. Weshalb ist es nötig, in der Beichte die Versöhnung mit Gott zu suchen, wenn Schuld vornehmlich im zwischenmenschlichen Bereich erfahren wird? Die individualistische Verengung von Schulderfahrung sucht ihren *„politischen Kontext"* (D. Sölle).

Die Erkenntnisse der *Humanwissenschaften* lassen nach dem Zueinander von psychischen Defekten und religiöser Verfehlung gegenüber Gott fragen. Es wird von „abweichendem Verhalten" gesprochen, bei dem Sünde und Schuld nur als krankhaftes psychisches Versagen erscheinen, nicht aber als ein vorwerfbares Vergehen [14]. Auch die Rede von „Schuldgefühlen" oder von „Schulderfahrung" hat nichts mit „Schuld" im religiösen Sinn gemeinsam; Schuld steht nicht mehr in einem moralischen, sondern in einem funktionalen Kontext. Der „heimliche Unschuldswahn", von dem die Würzburger Synode 1975 spricht, sucht Schuld und Versagen außerhalb des Menschen: in der Vergangenheit, bei der Natur, bei der Veranlagung oder beim Milieu [15]. Hier fühlt sich der Mensch mehr als Opfer denn als Täter des Bösen: „Er sieht das, was man Schuld nennt, als ein Stück jener allgemeinen Misere und Absurdität des menschlichen Daseins, denen gegenüber der Mensch nicht Subjekt, sondern Objekt ist."[16]

Ferner ist es für eine *pluralistische* Gesellschaft bezeichnend, daß sie den einzelnen in Gewissensfragen nicht zu normieren sucht, sondern allein läßt. Auch im kirchlichen Leben stehen konkurrierende Wertvorstellungen nebeneinander und erwecken nicht den Eindruck einer monolithischen Moral. Die Glaubenssprache der Umkehr wird fragwürdig, wo die Rede von Gott selbst fraglich geworden ist; ohne transzendente Ausrichtung verlieren die Begriffe wie auch die Erfahrung von „Sünde" ihren Gehalt. Die Erfahrung des Apostels Paulus, den es bei der Bekehrung „vom Pferd gerissen" hat, kleidet sich heute in säkularisierte Formen des Umkehrdenkens, z. B. im alternativen Denken und Leben – außerhalb der Kirche und ihrer Verkündigung (beispielsweise wird heute im Rahmen einer Verkehrsordnung von „Parksündern" oder „Bußgeldstrafen" gesprochen).

Wird nach den *Gründen* gefragt, die zur heutigen Krise im Verständnis von Sünde und Schuld geführt haben, ist zunächst auf die frühere kirchliche Verkündigung und Bußpraxis hinzuweisen: Ein verengtes moralisierendes und legalistisches Sündenverständnis, ein überzogener Rigorismus und eine Überbewertung des Bereichs der Sexualität führten dazu, daß die befreiende Botschaft von der Umkehr und der Sündenvergebung nicht erfahren wurde.

Hierzu sei ein autobiographisches Beispiel angeführt, entnommen aus dem Leben von *Carlo Schmid:* „Früh erwachte in mir die Vorstellung, daß ich immer wieder Dinge tat, die schlimm waren, und ich hielt mir vor Augen, wie der kleine Jesus in meinem Fall gehandelt haben würde. In diese Zeit des erwachenden Schuldbewußtseins ... fiel der Katechismus-Unterricht und damit die Konfrontation mit der Sünde. Von unserem Religionslehrer erfuhren wir, das Leben bestehe aus dem dauernden Wechsel von Sünde und Gehorsam gegen das Gesetz, also zwischen Selbstliebe und Liebe zu Gott und zu seinen Geschöpfen. Es komme nun darauf an, so zu leben, daß die guten Taten die bösen überwiegen. Die Folge war, daß ich jeden Abend vor dem Schlafengehen das Sündenregister des Tages zusammenstellte und sodann ein Verzeichnis meiner vermeintlichen guten Taten aufzustellen versuchte. Das war qualvoll, denn die Bilanz wies selten einen Saldo zu meinen Gunsten auf. Schließlich eröffnete ich mich meinem Religionslehrer, der mein Tun für unsinnig und unfromm erklärte, denn mit meiner Buchführung mische ich mich in das Geschäft Gottes ein, dem allein das Urteil über das Tun der Menschen zustehe. Der Sünde sei mit Aufrechnungskünsten nicht beizukommen. Das hat mich erleichtert. Aber das Skrupulantentum meiner Kindheit habe ich nie ganz verloren."[17]

Das überkommene, eher verengte Verständnis von Sünde, das die Sünde als rein private Angelegenheit betrachtete, blieb magisch gebunden an die Lossprechung und ließ vieles von dem, was im Verantwortungsbereich des Glaubenden liegt, gar nicht bedenken, besonders den sozialen und geschichtlichen Aspekt menschlichen Handelns. Auch führte das dinghafte, objektivistische Moralverständnis zu einer *Grenzmoral* von „erlaubt" und „nichterlaubt", ohne zu bedenken, daß sittliches Handeln über das Einhalten von einzelnen Normen und Geboten hinausgeht. Nicht selten beichtete der einzelne Sünden, um gebeichtet zu haben, doch er beichtete nicht sich und sein Leben. Da das Bußsakrament lange Zeit als asketisches Mittel zur Selbstvervollkommnung und Selbstheiligung galt, brachte diese Instrumentalisierung des Bußsakraments die entsprechenden Enttäuschungen mit sich, wenn die erwarteten Erfolge und verheißenen Fortschritte ausblieben.

Die Krise des Bußsakraments hat schließlich ihren Grund in der Krise des Klerus: Nicht selten ist der Priester unfähig, auf das Bekenntnis des Poenitenten einzugehen und dessen Lebensweg auf seinen gelebten spirituellen Hintergrund hin zu erschließen. Das Bußsakrament wird anonym gespendet, bar jeder persönlichen Begegnung im Glauben und ohne unmittelbares Eingehen auf die Not des einzelnen. Angesichts der meist gebotenen Kürze blieb das Beichtgespräch ein äußerer Ritus, bestenfalls eine kleine Predigt, ohne Berücksichtigung der konkreten Situation des einzelnen; zudem läßt sich in wenigen Minuten nicht klären, was selbst unter Fachleuten in Diskussion ist.

Zweites Kapitel

Verheißung des Glaubens

Jede Besinnung auf die christliche Botschaft der Versöhnung schaut zuerst auf Christus. Gott Vater ist das Subjekt der Versöhnung und Christus der Diener und das Werkzeug der Versöhnung. Eucharistie und Buße geben Anteil an der in Christus gewirkten Versöhnung: „Versöhnt durch die Darbringung des Opfers gibt der Herr die Gnade und die Gabe der Buße, und er vergibt die Vergehen und Sünden, mögen sie noch so schwer sein."[1]

Der Begriff „Versöhnung" enthält einen doppelten Aspekt. Zunächst einen negativen: Der Haß unter den Menschen ist Zeichen für die Feindschaft des Menschen mit Gott. Als Sünder ist der Mensch „Feind Gottes" (Röm 5, 10) und verdient den „Zorn Gottes" (Röm 1, 18–32). Eine solche Redeweise ist alles andere als anthropomorph, sie beschreibt, was mit der Sünde in die Welt gekommen ist und wie sehr sie die Begegnung mit Gott belastet. Positiv meint Versöhnung, daß die alte Welt erlöst und die Versöhnung bereits geschehen ist. Hier singt die Kirche das Lied von der „felix culpa", „die würdig war, einen so großen Erlöser zu empfangen": „O glückliche Schuld, welch großen Erlöser hast du gefunden! Der Glanz dieser heiligen Nacht nimmt den Frevel hinweg, reinigt von Schuld, gibt den Sündern die Unschuld, den Trauernden Freude" (Exsultet).

Die Freude österlicher Versöhnung läßt Antonius von Padua von „nuptiae poenitentiae" sprechen, gemeint ist das Hochzeitsfest der Versöhnung[2], das dem Sünder bereitet wird. Drei Grundaspekte dieses Festes der Versöhnung seien im folgenden eigens bedacht, nämlich die mit ihm verbundene Tröstung und Seligpreisung des darniederliegenden Menschen und der „Freispruch" des Sünders.

1. Tröstung

Der Weg der Buße ist für den Christen von Hoffnung und Zuversicht getragen. „Bekehrt euch und wendet euch ab von all dem, was euch versklavt. Warum wollt ihr denn sterben? Ich habe kein Wohlgefallen am Tod des Menschen. Kehrt also um, damit ihr endlich lebt!" (vgl. Ez 18, 30–32). Wer umkehrt, lebt aus dem, was Gottes Liebe dem Menschen verheißen hat: „Die Liebe besteht nicht darin, daß wir Gott geliebt haben, sondern daß er uns zuerst geliebt hat. So haben wir die Liebe erkannt und gläubig angenommen" (1 Joh 4, 10.16).

Von Gott in Liebe und Erbarmen angenommen und versöhnt, ist der Mensch eine „neue Schöpfung" (2 Kor 5, 17; Gal 6, 15) und ein „neuer Mensch" (Eph 4, 24; Kol 3, 10). Die Schöpfung, die der Erlösung entspringt, ist nicht die wiederhergestellte alte Schöpfung, sondern eine neue, die gegenüber der ersten Schöpfung restlos neu ist. Das „neue Leben" (Röm 6, 4), das der Mensch von Gott erhält, gibt ihm eine neue Hoffnung: sich selbst voraus, läßt er alle Skrupel und jede ängstliche Gewissenserforschung hinter sich. Im Fragmentarischen des Lebens weiß der Glaube um die Verheißungen einer neuen Schöpfung: Die unvollendbaren Fragmente menschlichen Lebens werden im Glauben zu Fragmenten der Wiedergeburt der neuen Schöpfung, und die Erinnerungsarbeit an der Vergangenheit wandelt sich zur

Hoffnungsarbeit an der Zukunft. Das von Gott geschenkte *Leben in Fülle* ist zukunftsorientiert. Der in Christus Wiedergeborene lebt aus dem, was auf ihn zukommt, nicht aus dem, was er in sich vorfindet: Nicht der Tod, sondern das Reich Gottes vollendet das Leben im Glauben.

Die Ausrichtung auf die Zukunft veranlaßt den Glaubenden, immer neu umzukehren, nicht in die böse oder gar verdrängte Vergangenheit, sondern in die Zukunft Gottes. Gott selbst ermutigt zu dieser Umkehr in die Zukunft, denn der Sünder, der sein Heil bei Gott sucht, weiß darum, daß Gott bereits in ihm wirksam ist. Gott allein schenkt die Kraft, der Sünde abzusagen: „An der Gnade entsteht die Umkehr, Gottes Güte ist die einzige Macht, die einen Menschen wirklich zur Umkehr führen kann."[3] Der von Gott her ermöglichte Weg der Umkehr führt den Sünder in eine unerwartet neue Freiheit und Freude, denn Gott schenkt ein Ja – ohne Nein, ohne Wenn und Aber; es ist ein Ja, das keinen aus- und jeden einschließt. „Gottes Sohn, Jesus Christus, der unter euch verkündet wird ..., war nicht Ja und Nein zugleich; in ihm ist Gottes uneingeschränktes ‚Ja' Wirklichkeit geworden" (2 Kor 1, 19). Gottes Wahrheit stellt den sündigen Menschen nicht bloß, sondern führt in die Fülle göttlicher Freiheit: „Wenn meine Worte in euch bleiben, werdet ihr meine Jünger sein, ihr werdet die Wahrheit erkennen, und die Wahrheit wird euch frei machen" (Joh 8, 31). Der Mensch darf vor Gott als Sünder stehen, denn dieser haßt die Sünde und liebt den Sünder.

Der J. Wittig nahestehende Philosoph Eugen Rosenstock (1888–1973) lehnte eine „ewige Verlängerung des 14. Lebensjahres" ab, nämlich ein Gottesverhältnis, das einzig von Gesetz und Furcht bestimmt ist[4]. Nicht Furcht (vor dem richtenden Urteilsspruch der Gerechtigkeit), sondern Vertrauen auf den tröstenden Zuspruch des Herrn gibt dem Sünder den Mut, das eigene Leben in einem neuen Licht zu sehen. In der Begegnung mit Gott steht die Erfahrung der Sünde in einer doppelten Bewegung: Gott distanziert sich vom Sünder, um sich ihm mit ganzer Intensität zuzuwenden. Das Staunen über Gottes Güte und Barmherzigkeit nimmt den Menschen so in den Bann, daß ihn seine eigene Tadellosigkeit oder Tadelwürdigkeit immer weniger bekümmert.

Ignatius von Loyola läßt am Ende seiner Übungen darüber betrachten, wie der Auferstandene den Menschen in seiner Verfallenheit „tröstet". Gott tröstet den Menschen, der als Sünder darniederliegt. Dieser Trost läßt den Menschen alle Furcht und Angst angesichts der eigenen (Sünden-)Vergangenheit ablegen und schenkt ihm eine neue Ausrichtung auf die Zukunft. Während F. Nietzsche hervorhebt, daß die Zeit traditionell, von der Vergangenheit her zu verstehen ist, weist M. Heidegger darauf hin, daß sie auch auf eine andere Weise zu leben ist, nämlich von der Zukunft her. Denn der Weg der Reue und Vergebung kennt eine andere Weise, das einmal Gewollte neu zu wollen [5]: Die Vergebung verzichtet auf Rache, und die Reue gibt den Mut, nicht unaufhörlich auf die vergangene Schuld zurückzugreifen (wie beim Bedauern), sie läßt vielmehr auf eine von keiner Hypothek der Vergangenheit belastete Zukunft – zuleben. „Beide Erfahrungen empfangen die Zeit als Gabe. Eine Gabe aber entwertet in keiner Weise das Übergebene. Wenn die Art des Schenkens mehr wert ist als das Geschenkte, so weil die Gabe die Weise des Schenkens anzeigt und darin den Schenkenden mit übereignet. Dies ist in der christlichen Erfahrung ersichtlich, die die Erfahrungen des Vergebens und der Reue grundlegt: Zeit wird gelebt als Gabe des Vaters" [6], die als Geschenk erlösten Lebens den Menschen tröstend aufrichtet und auf die Zukunft hin ausrichtet. Buße wird darum zur Hauptbeschäftigung des Erlösten: Sie wird zum Sicheinüben in das freie Leben. Buße rettet die Freude und Freiheit, sie schenkt wahre Hoffnung und feste Zuversicht.

2. Seligpreisung

Umkehr ist eine Kehrtwendung des Lebens unter dem Anspruch Gottes, der im Menschen die Fähigkeit zur Freiheit ausbildet. Das bedeutet für die Buße: In ihr geht es nicht nur darum, juridisch alles in Ordnung zu bringen – oft gibt es Situationen, wo alles verfahren und der Mensch selber am Ende ist –, vielmehr ist sie Ausdruck eines doppelten Bekenntnisses: Der Mensch bekennt seine Sünden und bekennt darin seinen Glauben, und nur wegen des zweiten hat das erste einen Sinn.

Hier gilt es, ein altes, im Grunde unchristliches Mißverständnis der Buße zu überwinden, das meint, Gott müsse durch Leistung und Genugtuung umgestimmt und versöhnt werden: Nach der Heiligen Schrift ist es Gott allein, der sich mit uns versöhnt (vgl. 2 Kor 5, 18)![7] Die Buße geht über jede moralische oder asketische Leistung hinaus, denn sie kommt aus dem Überschwang der Freude über den neuen Besitz der durch Gott gewirkten Versöhnung. Gottes Menschenfreundlichkeit erweist sich als die Perle und der Schatz im Acker, sie gibt dem Büßenden den Mut, das Alte aufzugeben und alles zu verkaufen, um schließlich das Neue zu erwerben.

Gott allein bewegt den Menschen zur Umkehr und wandelt ihn um (1 Kön 18,37; Jer 24,7; Ez 36,25–28). Dieses Zurückholen des Menschen durch Gott hat seine eigene Gestalt. Tertullian spricht von dem „praejudicium iudicii futuri" und meint damit die Vorausnahme des endgültigen Gerichts als Heimholung der Welt durch den milden Richter. Sein Trost gilt schon jetzt jedem, der sich auf dem Weg zur Umkehr dem Werk göttlicher Versöhnung anvertraut. Die Tröstung göttlichen Erbarmens und die Hoffnung auf einen milden Richter haben nichts gemein mit der Redewendung: „Es ist alles nur halb so schlimm" (das Kreuz spricht hier eine andere Sprache), sie meinen auch mehr, als die Tat wieder „ungeschehen" zu machen: Die unglaublich überraschende Botschaft des Neuen Testaments besteht darin, daß Gott den Sünder in die Rechte des „Sohn-Seins" zurückführt und ihn, den Sünder, in allem „seligpreist".

An zwei Stellen wird dieser besondere Aspekt neutestamentlicher Versöhnung, nämlich die Seligpreisung des Sünders, deutlich. Zunächst im *Gleichnis vom verlorenen Sohn* und seinem barmherzigen Vater (Lk 15,11–32)[8]. Der jüngere Sohn sagt: „Vater, gib mir das Erbteil, das mir zusteht." Er will keine Abgabe, kein Almosen, sondern sein Recht. „Nach wenigen Tagen", also nicht gleich, macht er sich auf den Weg. Er „lebte in Saus und Braus" (griechisch: „er kannte kein Maß"). „Da begann er nachzudenken", heißt es sodann: „Der ältere Bruder ging auf in seinen Aktivitäten. Der jüngere begann ‚nachzudenken'. Der ältere Bruder hatte es mit Sachen zu tun, mit dem elterlichen Anwesen, mit Leistungen und Geboten. Der jüngere spricht von Personen: ‚Wie viele Tagelöhner meines Vaters haben mehr als genug zu essen?' Viermal in zwei Versen steht das Wort ‚Vater'."[9] Nach der Heimkehr reagiert der ältere Bruder heftig, mit Trotz: „wollte nicht hingehen", mit Anklage: „Geld und Dirnen", und mit Verachtung: „der da!", am Schluß schweigt der ältere Bruder. Der ältere Bruder *muß* sich freuen, weil dem jüngeren Bruder verziehen ist, er soll das Verzeihen des Vaters mitvollziehen und mitfeiern, doch kann er es nicht.

Die Sinnspitze dieser Erzählung liegt darin, daß der Vater dem verlorenen Sohn nicht bloß vergibt, er führt ihn in die ursprünglichen Rechte der Sohnschaft zurück. Der Sohn wird eben kein „Tagelöhner", dem verziehen ist: *Er bleibt vielmehr der Sohn.* Durch sein Handeln zeigt ihm der Vater nur das eine: „Du bist mein Sohn, und du bleibst mein Sohn!" Und wo der verlorene Sohn sein Bekenntnis herausbringen möchte: „Vater, ich habe mich gegen den Himmel und gegen dich versündigt; ich bin nicht mehr wert, dein Sohn zu heißen" (V. 21), kann der Vater nur sagen: „Wir wollen essen und fröhlich sein. Denn mein Sohn war tot und lebt wieder" (V. 23 f).

Nicht anders verhält es sich bei der *Begegnung des Apostels Petrus mit dem Auferstandenen* (Joh 21, 15–20). Dreimal hat er den Herrn verraten, dreimal wird er nun gefragt: „Liebst du mich?" Bei dieser Frage wäre naheliegend, daß der Herr mit dieser Frage seinem Jünger vergibt, um ihm einen neuen Anfang zu schenken. Doch alles andere geschieht: Petrus, der darum weiß, wie schwach er ist, wird dreimal vom Herrn daran erinnert, daß er „der Fels" ist und es immer bleiben wird – durch alle Schwachheit hindurch. Hätte der Herr ihm „bloß" vergeben und ihm dann neu die Zusage des Felsseins geschenkt, würde Petrus ein Leben lang die Angst nicht verlieren, erneut schwach zu werden und das Vertrauen des Herrn zu enttäuschen. Aber das Unglaubliche, das der Herr ihm gibt, ist die „penetrante" Zusage: „Petrus, du bist der Fels, und du bleibst der Fels: Weide meine Schafe!" Erst diese Zusage des Herrn schenkt dem Apostel Petrus das unbeirrbare Vertrauen in die göttliche Zusage und die Zuversicht für den weiteren Weg.

An beiden Stellen der Heiligen Schrift wird das Erstaunliche neutestamentlichen Vergebens deutlich: Gott liebt den Menschen nicht „trotz" seiner Schuld und „wegen" seiner Schwachheit: *er liebt den Menschen so, wie er ist.* Göttliche Vergebung heißt, daß Gott den Menschen neu in seine Rechte einführt: er *bleibt* der „Sohn", den der Herr liebt, und er *bleibt* der „Fels", auf den der Herr sein Vertrauen setzt.

Dabei stellt sich die Frage, ob eine solche Sicht der göttlichen Vergebung nicht die Schwere von Schuld und Sünde verharmlost, denn sie könnte zu der Aussage führen: „Dann kann ich ja tun, was ich will, es ist ja alles nur halb so schlimm, denn ich bleibe ja Gottes Sohn!" Eine Erfahrung aus dem Alltag des Lebens gibt hier die Antwort:

„Zwei Menschen, die sich lieben, wollen sich trösten: jeder erwartet davon eine Bereicherung, eine Erfüllung. Nicht einmal so sehr ihres gegenseitigen Verhältnisses als ihrer selbst. Und es liegt in der erwarteten Bereicherung das Moment des Neuen. Es wird nicht das gleiche sein wie gestern, nicht bloß eine Art quantitativer Steigerung. Sondern ein qualitatives Mehr. Angenommen, sie waren entzweit und haben sich wieder versöhnt: dann erwarten sie vom neuen Zusammensein nicht genau das gleiche, was vor der Entzweiung war. Und wenn der eine schuld war an ihrer Entfremdung, wird er über Gebühr gutmachen müssen; nicht nur bekunden, daß er im Unrecht war ..., sondern auch Zeichen seiner Reue vorbringen ... Er wird versuchen, in seinem Verhalten besser zu sein, als er vorher war."[10] Die Freundschaft von Menschen, die sich miteinander versöhnt haben, fängt nicht erneut dort an, wo sie aufgehört hat, sondern höher, an einer intimeren Stelle.

Gottes Vergebung führt den Menschen nicht an den Punkt Null vor dem Vergehen: Der Mensch wird nicht nur „wiederhergestellt", sondern viel größer „erneuert". Hier gilt in gleicher Weise, daß die neue Schöpfung (nämlich die erlöste Schöpfung) nicht die wiederhergestellte Schöpfung ist: Der Mensch wächst mit jeder göttlichen Vergebung – und das Erstaunliche ist, daß er hinterher noch „größer" vor Gott dasteht. Um es ganz einfach und anschaulich zu sagen: Nach jedem Empfang des Bußsakraments ist der Mensch ein paar Zentimeter gewachsen! Deshalb gilt: Nicht Strafe und „Buße" sind für die Erfahrung der Beichte bestimmend, sondern die Tröstung und „Seligpreisung", also die Aufrichtung und Erhöhung des darniederliegenden Menschen.

3. Freispruch

Nochmals läßt sich fragen: Widerspricht eine solche Sicht nicht der kirchlichen Lehre im neunten Bußkanon des Trienter Konzils, der die sakramentale Lossprechung durch den Priester als einen „richterlichen Akt" (actus iudicialis) erklärt? Doch der Unterschied zur Gerichtsterminologie darf nicht übersehen werden: Der Spruch des Beichtvaters läuft auf keine Verurteilung des Sünders hinaus, sondern auf seinen Freispruch[11]. Der eigentliche Unterschied des Bußverfahrens zum irdischen Strafverfahren liegt zunächst nicht so sehr darin, daß im irdischen Gericht Strafe verhängt wird, während sie beim Bußgericht nachgelassen würde, sondern daß das, wovon befreit wird, eben nicht die Strafe, sondern die Schuld selbst ist. Weil im Bußsakrament nur nebenbei Strafe nachgelassen wird, ist der Vergleich mit einer hoheitlichen Amnestie in allem unsachgemäß.

Eine Analogie zum weltlichen Gericht kann auch deshalb nicht vorliegen, weil es um die zeichenhafte Vor-

wegnahme des eschatologischen Gerichts Gottes geht
(Tertullian), in dem sich Gottes Heil gegen alles menschliche Unheil durchsetzt: „Das Bußgericht hat nicht zu
entscheiden, ob Sünden nachgelassen oder behalten werden, sondern es hat das Vergebungswort zu sprechen.
Das Bekenntnis dient also nicht als Grundlage eines In-
quisitionsverfahrens, sondern als Mittel zur Distanzierung von der Sünde."[12]

Dieses Verständnis der Buße hat seine Konsequenzen
für den Vollzug: Die Rolle des Beichtvaters im sakramentalen Bußritual erstreckt sich auf „eine Zweiheit
von richtendem und gnadenhaft lossprechendem
Tun"[13]. In dieser Zweiheit wiederholt sich die Zweiheit
des in Jesus Christus geschehenen Erlösungswerks, die
Zweiheit von Kreuzestod und Auferweckung Jesu. Das
Bußritual führt den Beichtenden in die gnadenhafte Ver-
ähnlichung mit dem Herrn und nimmt den Glaubenden
in eine urbildhafte christologische Tat und Haltung,
nämlich in die „Haltung des Gekreuzigten, die vor dem
Vater alle Sünden der Welt trägt und bekennt und in der
Auferstehung sichtbare ‚Absolution' erhält"[14]. Wie
Christus wegen der Sünden der Menschheit im Kreuzestod dem Strafgericht Gottes unterworfen war und in der
Auferstehung die verzeihende Liebe seines Vaters empfangen hat, so wird auch der Mensch, der seine Sünde
dem göttlichen Urteil unterwirft, die Verzeihung seiner
Sünden erhalten bekommen und einst im künftigen Gericht vor Gott bestehen.

Das Kreuz Christi als universale confessio vor dem Vater ist zugleich das Hoffnungszeichen, die „spes unica in
hoc tempore". Zwar wird im Kreuz das ganze Gewicht
der Sünde in seiner vollen Bedeutung sichtbar, aber die
„Auferstehung Jesu erscheint in diesem Zusammenhang
als die ‚Absolution' des Sohnes, und da dieser eine uni-

versale confessio, stellvertretend für alle Welt, abgelegt hat, gilt auch die absolutio durch ihn der ganzen Geschichte. All das ist nur möglich, wenn nicht nur die universale Beichte sich in unserer Geschichte vollzieht, sondern auch unsere Geschichte sich ‚in‘ jener ereignet."[15]

Hiermit ist die Analogie zu herkömmlichen Strafgerichtsvorstellungen vollends gesprengt: Ist der Strafrichter aufs bloße Reagieren festgelegt, so beschränkt sich Gottes Gericht gerade nicht aufs Reagieren und Vergelten, es geht um eine schöpferische Gerechtigkeit (P. Tillich), die nicht nur auf vergangene Taten schaut, sondern auf das künftig bei Gott Mögliche[16]. In Jesus wird deutlich, daß Gottes Richten nicht zur Verurteilung und Bestrafung führt: „Gott hat seinen Sohn nicht in die Welt gesandt, damit er die Welt richte, sondern damit sie durch ihn gerettet wird" (Joh 3,17; vgl. 12,47).

Zusammenfassend läßt sich sagen, daß der christliche Weg der Umkehr in vielfacher Hinsicht über die bloße Aufarbeitung von (vergangener) Sünde und Schuld hinausgeht: Gott führt den Sünder, der umkehrt, in die Zukunft der göttlichen Verheißungen, indem er den darniederliegenden Menschen aus Liebe und Erbarmen aufrichtet und erhöht, ihn tröstet und „seligpreist" – und vor allem: freispricht. Im folgenden soll es darum gehen, dieses Verständnis der Buße an den einzelnen Stationen des Umkehrweges auszudeuten.

Drittes Kapitel

Schritte der Umkehr

Glaube, Umkehr und Buße (Mk 1, 15) sind Grundforderungen der Botschaft Jesu. Doch die Umkehr des Menschen bleibt bei Jesus an zweiter Stelle, an *erster* steht die Liebe Gottes, die dem Menschen umsonst und ohne jede Vorleistung geschenkt ist. Zunächst ist es Gott allein, der „umkehrt" und sich dem Menschen erneut zuwendet. Er allein kann in der Situation der Entfremdung handeln (der Mensch ist als Sünder Gottes Feind), und er allein richtet das Wort von der Versöhnung auf (2 Kor 5, 19), und zwar in Jesus Christus.

Mit Christus beginnt „eine neue Schöpfung: das Alte ist vergangen, Neues ist geworden. Aber das alles kommt von Gott, der uns durch Christus mit sich versöhnt und uns den Dienst der Versöhnung aufgetragen hat ... Er hat den, der keine Sünde kannte, für uns zur Sünde gemacht, damit wir in ihm Gerechtigkeit Gottes würden" (2 Kor 5, 17–21). Christus verwandelt die Armut des Menschen in den Reichtum Gottes und die Sünde des Menschen in die Gerechtigkeit Gottes. Darin erweist sich der Richter selbst als der Retter: „Jetzt gibt es keine Verurteilung mehr für die, welche in Christus Jesus sind" (Röm 8, 1).

Auch dies wird in der Erzählung vom verlorenen Sohn deutlich ausgesagt, wie G. Lohfink nachweist: „Die Umkehr und das Schuldbekenntnis des verlorenen Sohnes sind weder Beweggrund noch Vorbedingung für das alle Erwartung übersteigende Verhalten des Vaters. Grund für sein Verhalten ist allein die Liebe zu seinem Sohn, die nie aufgehört hat und die den Sohn auch in die Fremde begleitet hat."[1]

1. Erkennen

Um Gottes Liebe recht zu beantworten, wird der Mensch über alles Gebotene hinausgehen. Gottes Anspruch in Form eines Gebotekataloges ist bequemer als ein Anruf zur Bekehrung des ganzen Menschen. Es ist einfacher, einzelne Gebote und Pflichten zu erfüllen, als sich ganz auf Gott und seine Liebe einzustellen. Es ist bequemer, etwas zu ändern, als sich selbst zu ändern (und man darf vielleicht sagen: Es ist bequemer, in den Beichtstuhl zu gehen, als sich wirklich auf Gottes Liebe hin einzuleben). Die Antwort, die der Mensch gibt, kommt aus einer doppelten Erfahrung, nämlich der Liebe Gottes und dem Erfahren der eigenen Sünde.

a) Die Liebe Gottes

Die erste Erfahrung auf dem Weg der Umkehr ist die der Liebe Gottes. Gott ist besorgt um das Glück des Menschen. Er sucht das Verlorene, heilt das Kranke, weint über die Verbohrtheit menschlicher Enge und wirbt liebend und zärtlich um den Menschen, um ihm das Leben in Freude und Frieden zu schenken. Denkt der Mensch nicht daran, Gott entgegenzugehen, geht Gott ihm entgegen: „Ich habe das Elend meines Volkes in Ägypten gesehen ... Ich kenne ihr Leid. Ich bin herabgestiegen" (Ex 3, 7 f). Geht der Sünder nicht zu Gott, geht Gott zum Sünder: „Mit ewiger Liebe habe ich dich geliebt, darum habe ich dir so lange die Treue bewahrt!" (Jer 31, 3). Dieses Geheimnis wird in Jesus Christus vollends offenbar: Will der Mensch nicht Gottes Ebenbild sein, wird Gott selbst Ebenbild des Menschen: Ecce homo!

Voller Sehnsucht erleidet Gott eine Passion der Liebe zum Menschen, dem er seinen ganzen „Charme" (vgl. das griechische Wort „charis") zukommen läßt, denn der Mensch ist Gott keine Last, sondern eine „Lust". Gott leidet dem Menschen buchstäblich die Qual seiner Sehnsucht nach dem Menschen vor, auf daß dieser seinen Zustand begreife: Der barmherzige Vater leidet mit dem verlorenen Sohn, ja, er leidet mehr als der Sohn, denn er spürt, wie tot der Sohn ist; der Vater läuft dem Sohn entgegen, fällt ihm um den Hals und küßt ihn, denn er liebt die „Undankbaren und Bösen" (Lk 6, 35). Ebenso sucht Gott das „verlorene Schaf" (Lk 15, 11–17) und freut sich mehr über einen Sünder, der umkehrt, als über 99 Gerechte, die sich nicht bekehren (Lk 15, 7).

Der erste Schritt auf dem Weg der Umkehr führt somit zum *Erkennen der Liebe,* die Gott dem Menschen entgegenbringt. Nur der kehrt zu Gott um, der Gottes Liebe im eigenen Leben annimmt und verwirklicht: Umkehr im Glauben ist der „Mut, sich zu bejahen als (von Gott) bejaht" (Paul Tillich). Es mag scheinen, daß die Sünde sich geradezu als „notwendig" erweist, „um überhaupt Gottes göttlichste Eigenschaft zu erfahren ... Wer die gekreuzigte Barmherzigkeit in Glauben und Vertrauen erfaßt, der hat die große Liebe, der empfängt den ‚guten Willen', der ist erlöst"[2]. Gott ist kein Buchhalter und kein Richter, der immer nur im Gesetzbuch nachsieht, auch kein Kassierer, der gute Taten verrechnet; er schenkt sich in unberechenbarer Großzügigkeit, mit uneingeschränktem und bedingungslosem Ja.

Es klingt seltsam, aber ist wahr: Es fordert eine *Metanoia* im Glauben, ehe sich der Mensch für die Botschaft der Versöhnung öffnet und sich von Gott auf neue Weise lieben läßt. Obwohl sich jeder nach einer letzten, umfassenden und bedingungslosen Liebe sehnt, bedarf es eines einschneidenden Sinneswandels des Menschen, bis Gottes Liebe ganz in ihn einströmen kann. Dieser Sinneswandel ist eng mit dem *Glauben* verbunden: Ohne Glauben an Gott gibt es keine Umkehr und Buße. Die Hinführung zu Buße und Beichte muß deshalb mit einer Hinführung zum Glauben beginnen – und nicht umgekehrt. Werden Glaube und Buße getrennt, was ja faktisch oft geschieht, dann wird der Glaube zu einem bloßen Ja zu geoffenbarten Sätzen, die als richtig erkannt werden, und die Buße relativiert sich zum punktuellen Empfang des Bußsakraments.

Aber „Metanoia" steht für das hebräische „schub": völlige Neuorientierung und Abkehr von allem, wofür der Mensch bisher lebte, und seinem Leben wieder ein tragfähiges Fundament geben (Mt 7,24–27). Die geforderte Umkehr ist keine Rückkehr in die vorgegebene Ordnung, zu der der reuige Sünder wieder zurückkehrt. Umkehr meint keine psychologische Reue oder theologische Reue über die Sünden der Vergangenheit, sondern alltägliche Entscheidung, in der alles nach vorne ausgerichtet ist in eine neue Zukunft, die eine neue Gesinnung und ein neues Handeln verlangt.

Die Ausrichtung der Umkehr auf die Zukunft hin wird deutlich in der Heiligen Schrift: Sie redet oft von der Sünde des Menschen, doch sie tut es nie so, als wenn sie ihn niederdrücken will, sie spricht davon, um ihn wachsam zu machen und ihm neuen Mut zu geben. Der Mensch hört im Ruf zur Umkehr die Stimme seines Herrn, der es gut meint. Die Parabeln und Gleichnisse der Verkündigung Jesu beschreiben, wie sich Gott als barmherziger Vater dem Menschen als Sünder zuwen-

det. Christus führt den Sünder in das umfassende Heil-
sein und trägt die Wirklichkeit Gottes in die Wirklichkeit der Sünde hinein. Dies wird besonders darin
deutlich, daß Jesus mit Zöllnern und Sündern an einem
Tisch sitzt. Kehrt sich der „fromme" Jude von der Bedrohung durch die Sünde ab, so wendet sich Jesus gerade der
Wirklichkeit des Sünders zu. Der „Richter" über die
Sünde bleibt nicht neutral, er solidarisiert sich mit dem
Sünder und nimmt die Barriere weg: Das Gastmahl mit
den Sündern wird zum Zeichen für die ungeschützte Le-
bensgemeinschaft mit ihnen.

Metanoia führt in die Entgrenzung der zwischenmenschlichen Beziehungen und wandelt das Herz aus
Stein in ein Herz aus Fleisch und Blut: Zöllner, Dirnen
und Samariter werden zum Nächsten. Statt Sack und
Asche meint das von Jesus geforderte „Fasten" der Buße:
Unterdrückte befreien, Hungrige sättigen, Obdachlose
beherbergen, Nackte bekleiden (Jes 58, 5 ff); auch soziale
Gerechtigkeit kann als die wahre Buße angesehen werden (vgl. Sach 7, 7 ff). Im täglichen Zusammenleben zeigt
sich, wie ernst es einem mit Gott ist (Lk 3, 10–14) und
wie sehr einem die Liebe Gottes als Erfahrung zuteil geworden ist.

b) Die eigene Sünde

Die Sünde des einzelnen steht nach dem Zeugnis der
Schrift in Zusammenhang mit der dem Menschen vorge-
gebenen Sündenmacht (ntl. hamartia). Es ist von Bedeutung, daß im Hebräischen Sünde nicht den beherrschen-
den religiösen Grundton besessen hat, der dem deutschen Worte eigen ist, und auch die lateinischen und
griechischen Begriffe „hamartia, peccatum", die im
Neuen Testament verwendet werden, haben ursprüng-

lich einen weiteren, nichtethischen Sinn, nämlich daß man *den richtigen Punkt verfehlt.* Für die hebräische Vorstellung von der „Verfehlung" ist es entscheidend, daß sie ohne moralische Qualifikation eine Aussage darüber macht, daß einer sein Ziel „verfehlt" (vgl. Ri 20, 16; Spr 19, 2; Gen 4, 22; Ri 11, 27; 1 Sam 24, 12; 2 Kön 18, 14). Diese Verfehlung ist keine Nebensächlichkeit, kein „Unfall", der sich schnell beheben läßt, sondern trifft den Menschen von Grund auf. Es heißt nicht nur: Ich habe etwas getan, sondern auch: Ich bin nunmehr etwas, das ich vorher nicht war: Ich bin auf Grund jener Tat schuldig. Wer hier dem Menschen zu früh seine Schuld abnimmt, wird ihm nicht gerecht.

Das bedeutet für die Buße: Der Akt der Umkehr muß über die Vergebung einzelner Sünden hinausgehen, es bedarf vielmehr einer grundlegenden Neuorientierung. Nach griechischem Verständnis meint Umkehr nicht nur Änderung des Urteils, sondern Umkehr und Auszug aus sich selbst.

Wie sehr sich alles daran entscheidet, die eigene Schuld und Sünde zu erkennen und sie Gott anzuvertrauen, veranschaulicht die frühe Kirche in einer Erzählung aus dem Leben des heiligen Hieronymus. Er zog sich in die Wüste zurück, um besser in Einheit mit Gott leben zu können und um weniger abgelenkt zu sein von den Dingen dieser Welt. Immer mehr verstand er, wer Gott ist und wer er selber ist: Gott – das Ein und Alles; er – ein armseliger Sünder. Die Fehler und Unterlassungen seines früheren Lebens erschienen ihm vor Gott so groß, daß er erschrak und ein strenges Büßerleben begann. Er wollte nun in allem umkehren – umkehren zu Gott. Er, der sein ganzes Leben Gott übergeben hatte, kam am Vorabend vor Weihnachten an die Krippe von Betlehem, wo er als Einsiedler lebte, und sprach im Gebet: Herr, mit leeren Händen komme ich heute vor dich, was kann ich dir schon geben?! Da bat ihn Jesus um etwas, woran der Heilige zunächst nicht gedacht hätte: „Gib mir deine Sünden!"

2. Anerkennen

Das Erkennen der eigenen Sünde ist nicht leicht, denn jede Sünde ist unbegreiflich, keiner kann sie verstehen: „Eine verstandene Sünde ist ein Widerspruch in Sinn. Sünde ist Un-Sinn, Finsternis. Sünde ist wie ein Kreis um das Ich, aus dem es kein Ausbrechen gibt, außer in dem ehrlichen Eingeständnis: ‚Ich' habe es getan, ja, aber nicht allein. Es gibt eine Ansteckung durch die Sünden der anderen."[3] Die Sünde Adams und Evas ist näher, als wir denken, sie ist in uns selbst, und wenn der Mensch „zu seinem Herzen sagte: Ich und ich allein!" und „Niemand sieht mich" (Is 47,8.10), ist er schon von Gott gesehen und gehört. In jedem Menschen gibt es den Adam, die Eva, den Kain und Abel, den Zeitgenossen Noachs oder den Turmbauer von Babel. Keiner ist gerecht, auch nicht einer (Röm 3,10), denn selbst der „Gerechte" fällt siebenmal am Tag (Spr 24,16). Die Erkenntnis der eigenen Sünde bedarf hier des Anerkennens der eigenen Schwachheit, und ohne dieses Anerkennen wird der Mensch nicht zur vollen Wahrheit seines Lebens vordringen. Im Vollzug dieses Anerkennens eröffnen sich folgende Grunderfahrungen im Glauben.

a) Umkehr zur ganzen Wahrheit

Christus ist der Beichtspiegel: Eine fruchtbare Selbsterkenntnis als Voraussetzung für die Heimkehr zu Gott
gibt es nur im Lichte Jesu Christi. Der Mensch kann
Schuld kaum aushalten, deshalb hält er sie schnell für
nicht wahr. Jeder sucht die Unschuld: Adam schiebt die
Schuld auf Eva (Gen 3, 12), und Eva schiebt die Schuld
auf die Schlange (Gen 3, 13). Aus Angst vor der Beschämung, die mit der Erkenntnis der eigenen Sündhaftig-
keit verbunden ist, weicht der Mensch dem Anerkennen
seiner Schuld aus. Es kommt zu verschiedenen *Weisen
des „Taktierens"*, mit denen der Mensch dem Schuldbekenntnis seines Lebens auszuweichen versucht:

Ganz am Anfang ist es die Versuchung zum *Verharm-
losen:* „Das ist ja alles gar nicht so schlimm!" Eine andere
Versuchung mag das *Ablenken* sein: Man verbeißt sich
in ein vordergründiges Problem und meint, die eigentliche Krise gesehen und bestanden zu haben. „Man flickt
mit Hingabe die undichte Wasserleitung in der Kajüte,
während das Schiff mit einem Leck untergeht." Die
dritte Versuchung, die den Weg der Umkehr nicht gehen läßt, ist die zur *Mutlosigkeit:* „Das übersteigt meine
Kräfte! Das werde ich nie schaffen! Ich habe es schon so
oft – vergeblich – versucht!" Eine weitere Versuchung
ist, daß man glaubt, *Vorleistungen* erbringen zu müssen:
Erfüllung eines Gesetzes, die perfekte Beichte, das Ablegen eines bestimmten Fehlers – dann erst wird Gott gnä-
dig sein. Damit würde das Gesetz der Erlösung auf den
Kopf gestellt, denn Gott befreit immer ohne Vorleistung: Er pfropft ein neues Reis auf! Eine letzte Versuchung kann die zur *Verzweiflung* und Angst sein. Dabei
stehen zwar nicht mehr Vorleistungen zur Frage – es ist
klar, daß nur Gottes Erbarmen weiterhelfen kann; aber

auch dieses Erbarmen, so glaubt man, hat seine Grenzen. Hier fragt Jahwe sein Volk: „Ist denn meine Hand zum Erlösen zu kurz, oder fehlt mir zum Befreien die Kraft?" (Is 50, 2).

Mit dem Anerkennen der eigenen Sünde und Schuld eng verbunden ist der Weg zur wahren Selbsterkenntnis, der der Mensch aber nur zu gern ausweicht. Johannes Tauler spricht hier von drei Weisen, wie der Mensch der Selbstbesinnung und „Krisis" ausweichen kann:

1. Kampf nach außen (durch Reform und Kritik): Statt das eigene Leben zu ordnen, kämpft der einzelne gegen die Unordnung im Leben der anderen. Wenn das Licht der Wahrheit in den Menschen hineinleuchtet, „da kehrt sich der Mensch vom Seelengrund ab, stellt den Orden bzw. das Kloster auf den Kopf und will fortlaufen gegen Trier oder Gott weiß wohin und nimmt das Zeugnis nicht an infolge seines sinnlichen Nach-außen-Wirkens"[4].

2. Festhalten an äußeren Übungen und Formen: Der Mensch erfährt, daß er mit all seinem geistlichen Leben nicht „besser" wird und an die eigentlichen Strukturen seines Lebens nicht herankommt. Viele weichen dieser Erkenntnis aus und „gehen völlig auf in äußerer Übung und Wirksamkeit und tun recht wie einer, der nach Rom gehen sollte, also landaufwärts, und ginge dann landab gen Holland zu: je weiter er ginge, desto mehr irrte er vom Wege ab. Und wenn solche Menschen dann wiederkommen, so sind sie alt, und es tut ihnen der Kopf weh, und sie können der Minne nicht mehr Genüge tun in ihrem Werken und Stürmen"[5].

3. Verlagerung der inneren Unruhe nach außen, beispielsweise in neue Lebensformen: „Wenn sie von innen berührt werden, sofort auf und davon in ein anderes Land, in eine andere Stadt; können sie das nicht, so fangen sie wenigstens eine (freilich wiederum nur äußerliche) andere Lebensweise an. Jetzt will er ein armer Mensch werden; dann will er in eine Klause, dann in ein Kloster."[6] Dies alles „hat manchen nach Aachen, nach Rom, unter die Armen und in die Klausen laufen lassen. Und je mehr sie da hinausliefen, desto weniger fanden sie."[7]

b) Umkehr zur ersten Liebe

Angesichts solcher Weisen des Taktierens stellt sich die Frage nach dem Weg, der zum Anerkennen der Sünde führt. Eine erste Antwort ergibt sich aus der Überlegung, daß Sünde schon dort vorliegt, wo einer „die erste Liebe" verloren hat und Gott nicht mehr die „Erstlinge" seines Lebens gibt; lau geworden, unterläßt er es, das Gute zu tun. Hier heißt es: „Kehre um und tu die ersten Werke" (vgl. Offb 2, 5; 3, 3.20).

Seit dem Konzil von Trient hieß es am Anfang jeder Messe: „Ich bekenne Gott dem Allmächtigen", vor Maria, dem Erzengel Michael, den Heiligen und vor dem Diener Gottes, dem Priester; und dieses lautete weiter: „daß ich gesündigt habe in Gedanken, Worten und Werken". In der Fassung, die das Zweite Vatikanische Konzil angeregt hat, sind die genannten Zweit-Adressaten durch „alle Brüder und Schwestern" ersetzt; nun wird als erstes bekannt, „daß ich *Gutes unterlassen* und Böses getan habe". Die Unterlassung, die an erster Stelle steht, verweist auf die Relevanz des gelebten Lebens. Gott erwartet vom Menschen mehr als die Respektierung von Einzel-Verboten und -Geboten: „Das aber habe ich gegen Dich, daß Du die erste Liebe nicht mehr hast" (Offb 2, 4). Das Böse besteht nicht allein in außerordentlichen und sichtbaren Bosheiten, öfters wird es sichtbar einfach in dem, wo Gutes unterlassen und nicht getan wird.

Die Botschaft der Erlösung bezieht sich auf die konkrete Situation: Der Gläubige ist nicht zu abstrakten Vollkommenheiten aufgerufen, sondern zu konkreten Handlungen und Zeichen im Hier und Jetzt, und was wir hier einander schuldig sind, läßt sich niemals katalogisieren. An der Unterlassung des Guten und Not-Wendigen kann sich das Leben eines Menschen vor Gott entscheiden. Es gibt ein sehr hartes, aber zutreffendes Wort: „Was muß man tun, damit jährlich viele Millionen Menschen verhungern? – Nichts!" – Und es läßt sich weiterfragen: Was muß getan werden, damit Menschen aneinander vorbeileben? – Nichts! Und was muß man tun, daß alles so bleibt wie es ist? – Nichts! Solches Nichtstun kann schuldig werden lassen. Erst ein Leben in der unverwechselbaren Ursprünglichkeit der Phantasie wird dem anderen Menschen gerecht: Liebe macht erfinderisch [8].

Die Liebe übersteigt das bloße Erfüllen von Leistungsforderungen, wie auch der Vorsatz, angesichts der nicht erfüllten Gebote wieder neu anzufangen, ein mehr äußeres Vorgehen ist, das kaum an die Tiefe des Vergehens herankommt. Gott fordert nicht etwas vom Menschen, und sei es die Respektierung der Verbote und Gebote, er fordert mehr vom Menschen, nämlich seine Liebe. Wer in seiner ersten Liebe fehlt und das Gute unterläßt, wird schließlich auch an dem vorübergehen, der ihm in allen Dingen begegnet (vgl. Mt 25,31–46). Wer aus Mangel an Liebe in den Dingen des Alltags zurückbleibt, bleibt hinter allem zurück. Der Liebe ist es nie genug, und wer hier nicht wächst, schrumpft ein, wie die heilige Teresa von Avila sagt: „Gegen den Rückschritt gibt es nur ein Mittel: immer wieder von vorn anzufangen. Sonst verfällt man täglich mehr, und gebe Gott, daß man es noch merkt." [9] In der Liebe nicht wachsen, ist die erste Weise von Schuld und Sünde.

c) Umkehr zur eigenen Berufung

Eine weitere Dimension im Anerkennen der eigenen Schuld stellt sich mit der Frage, vor wem die Sünde erkannt wird. Die Antwort ergibt sich zunächst aus der Tatsache, daß die Sünde nicht nur ein Verstoß gegen ein unpersönliches Gesetz ist. Es mag vielleicht so aussehen, als richte sich der Verstoß allein gegen ein Gesetz (wie wenn ein Verkehrssünder bei Rot über eine Ampel fährt, für das Vergehen ein Protokoll bekommt und das Bußgeld zahlt, ohne durch sein Vergehen den Verkehrsminister, der die Verkehrsordnung erlassen hat, in Frage stellen zu wollen); doch neutestamentlich ist hier mehr zu sagen: Die Begegnung mit Jesus deckt die Wirklichkeit schwerer Sünde auf: „Gegenüber einem Gesetz versagt man in letzter Instanz aus Schwäche, gegenüber einer Person indes aus Haß." [10]

Sünde ist nicht nur ein Verstoß gegen die Ordnung der Zehn Gebote, sondern Haß gegenüber Gott. Der Mensch sündigt nicht aus Schwachheit, sondern aus Haß: er haßt Gott! Das Kreuz bringt hier die wahre Gestalt menschlicher Sünde zum Ausdruck: „Hinweg mit ihm, kreuzige ihn!" (Mt 27,22).

Sünde ist keine Verfehlung in einem Einzelbereich des Lebens, in ihr wird vielmehr deutlich, daß es grundsätzlich nicht gut um den Menschen bestellt ist. Damit kommt die tiefere Dimension von Schuld und Sünde zutage: Die Beziehung des Menschen zu Gott ist grundlegend gestört. Das hat seine Bedeutung für das Erkennen und Bekennen der Sünde: Kommt es in einem Teilbereich zu einem Ausfall, ist die ganze Person betroffen, denn jede Einzelentscheidung betrifft das Ganze eines Lebens, und wie jede Sünde Ausdruck der ganzen Person des Menschen ist, beschränkt sich auch das Anerkennen der eigenen Schuld auf kein Bekenntnis einzelner Sünden, sondern muß den ganzen Menschen einschließen.

Der Sünder bekennt nicht etwas aus seinem Leben, das würde ihn nicht im letzten verpflichten, er könnte sich davon wieder distanzieren und zurückziehen; vielmehr gilt: „Die Beichte ist nicht im gleichen Sinn ein einzelner Akt, in ihr ist nichts zu isolieren, der Akt des Bekenntnisses meint ausdrücklich den ganzen Menschen, sein ganzes Leben, seine ganze Weltanschauung, sein ganzes Gottesverhältnis."[11] Im Erkennen der eigenen Schuld zeigt sich dem Glaubenden sein ganzes Leben, als seine ihm eigene Lebens- und Glaubensentscheidung.

Weil für den Glaubenden Lebensentscheidung und Glaubensentscheidung eins sind, gibt es im Leben des Glaubens keine Krise, die nicht eine Glaubens- *und* Lebenskrise ist. Das bedeutet für das Verständnis der Sünde, daß sie im größeren Kontext der Lebensberufung des Christen zu sehen und zu deuten ist. Der Sünder wird nicht gegenüber abstrakten Werten oder gar einer objektivistisch konstruierten „materia gravis" schuldig, sondern gegenüber der objektiven Wahrheit seiner unvertretbar persönlichen Berufung.

Die Frage, in welcher Weise der Mensch gegenüber der Berufung seines Lebens untreu werden kann und welcher Gestalt diese Untreue ist, hängt mit der Frage nach der Unterscheidung von schwerer und leichter Sünde eng zusammen. Zunächst muß deutlich gemacht werden, wie die Unterscheidung von läßlicher Sünde und Todsünde genauer zu verstehen ist. Handelt es sich hier um die Aufgliederung einer Gattung in Arten, so wie die logische Gattung „Baum" verschiedene Arten von Bäumen denkt?

Thomas von Aquin erklärt dies schlechthin für falsch: „Die Einteilung der Sünden in tödliche und läßliche ist nicht die Einteilung einer Gattung in Arten, die gleichermaßen am Gattungsbegriff teilhaben"; das bedeutet für die Unterscheidung von Todsünde und läßlicher Sünde, daß tödliche Sünde gar nicht im gleichen Sinn Sünde ist wie die läßliche. „Sondern tödliche und läßliche Sünden unterscheiden sich innerhalb der Gattung ‚Sünde' wie das Vollkommene und das Unvollkommene. Anders gesagt, die läßliche Sünde ist gar nicht Sünde im kompletten, unverkürzten Sinn; die perfecta ratio peccati ist allein in der tödlichen Sünde realisiert." [12]

Die Erfahrung der Sünde läßt sich auf zwei Ebenen betrachten, nämlich auf der der *Handlung* und auf der der *Haltung*. Sünde kann verschieden schwer erfahren werden und auch auf je verschiedene Weise von Gott trennen: Es gibt Entscheidungen, die aus dem Herzen, aus dem Zentrum der Person kommen. So sind die konkreten sündigen Taten wie Verleumdung, Betrug, Diebstahl, Mord, Haß und Neid immer die Frucht einer viel tiefer liegenden Ebene, nämlich der Sünde als einer Haltung des Neins gegen Gott [13]. Bei einer schweren Sünde stellt der einzelne bei vollem Bewußtsein und in voller Freiheit seine Grundoption in Frage und hängt Gott nicht mehr in Liebe und Treue an. Dadurch wird der Mensch der Berufung seines Lebens im Glauben untreu und entfernt sich aus der Gemeinschaft mit Gott.

Jede Sünde ist tödlich, wenn irreparabel von innen her, aus der eigenen Kraft des in seiner Schuld Verharrenden, eine Heilung nicht mehr möglich ist. Schwere Sünde liegt dort vor, wo einer in totalen Widerspruch zu

Gott getreten ist, und wo er grundsätzlich gegen die Gerechtigkeit und Liebe verstoßen und sich längere Zeit von Kirche ferngehalten hat. Die total von Gott trennende Sünde kann nicht etwas Alltägliches sein, wie es der Beichtspiegel nahelegt, der von einem totalen Verstoß gegen Glaube und Liebe spricht. Während in der läßlichen Sünde genaugenommen nicht wir selber es sind, die etwas tun, jedenfalls sind wir dabei nicht ganz und gar wir selbst (es handelt sich um eine „Schwachheitssünde"), ereignet sich die tödliche Sünde im „Ewigen des Menschen", „darum ist die tödliche Sünde ein von Natur verborgener Vorgang. Mag es sich auch um einen offenbaren Verstoß gegen die Ordnung handeln, gegen die Natur der Sachen und auch des Menschen, gegen die Vernunft, vielleicht sogar gegen eine göttliche Satzung – ob ein solcher Verstoß wirklich zugleich eine willentliche Abkehr von Gott selber ist, also Sünde im unverkürzten, strikten Sinn, das zu beurteilen steht in keines Menschen Macht. Und vielleicht bleibt es nicht nur dem Blick des anderen, jedes anderen, unzugänglich, sondern auch dem reflektierenden Bewußtsein des Schuldigen selbst, seiner ratio, wenngleich seinem Herzen kaum. Gott und das eigene Herz wissen um die Schuld."[14] Dies gilt gleichfalls auch im umgekehrten Sinn. Es gibt durchaus ein „anständiges Gutsein", das dennoch einen heillosen Bruch bedeutet. Es ist die „Anständigkeit" im Unwesentlichen, die sich im Grunde des Herzens vollzieht und eine radikale Abwendung und Verneinung bedeutet, also tödliche Sünde.

Die Frage nach dem Unterschied von leichter und schwerer Sünde klärt sich im Blick auf den konkreten Lebenskontext des Menschen. Nicht allein der Einzelakt, sondern die Vorgeschichte ist entscheidend: Wie sich eine gute Grundentscheidung wie von selber ihre

Wirksamkeit schafft, so auch eine negative, so daß sie bei der nächstbesten Gelegenheit deutlich zutage tritt. Das heißt: „Tatsächlich ist die Sünde weder durch die Beichte und noch viel weniger durch eine Generalabsolution völlig getilgt. Denn die Sünde hat Auswirkungen unterschiedlicher Art auf das eigene Herz. Die Überwindung der Sünde ist nicht vollständig, bis nicht die vom Sündigen geschaffene Neigung im eigenen Herzen ganz niedergerungen ist. Die Sünde ist ja kein rein geistiger Akt ..."[15]

An dieses Verständnis der Sünde erinnert die Heilige Schrift. Die Propheten zeigen, daß die Sünde des Menschen sich zwar in vielen einzelnen falschen Taten äußert, aber ihre Wurzel liegt in der falschen Einstellung zu Gott: Weil das Volk seine „erste Liebe" (Jer 2, 2) aufgibt, das Leben im Glauben veräußerlicht ist (Jud 5, 9–15; 9, 1–14) und die wirkliche Umkehr fehlt: „Zerreißt eure Herzen, nicht eure Kleider!" (Joel 2, 12 f), kommt es nicht zur Bekehrung des ganzen Menschen.

In diesem Zusammenhang sagt Romano Guardini unter Verweis auf Platons Georgias in einer Universitätsrede aus dem Jahr 1952: „Schuld bleibt, als Zerstörung der inneren Ehre, des personalen Heilseins, der Klarheit des Gewissens gegenüber Gott und dem Leben. Diese Sinnzerstörung kann durch nichts aufgewogen werden: keinen politischen Erfolg, keine Steigerung der Macht, keinen Fortschritt der Wohlfahrt."[16] Der Mensch ist und bleibt krank und muß als solcher geheilt werden; darum bleibt das Anerkennen der eigenen Schuld ein Dauersakrament eines wachen Lebens im Glauben. Weil jede Sünde als negative Hypothek hineinwirkt in die künftigen Handlungen des einzelnen und alles, was er tut, denkt und lebt, künftig mitbestimmt, verbindet sich das Erkennen einer Einzelsünde mit der Erkenntnis der Grundhaltungen des Menschen, die es im folgenden zu bedenken gilt.

3. Zuerkennen

Mancher ist vielleicht angeleitet worden, dort mit Schuld und Vergebung umzugehen, wo die eigentliche Schulderfahrung noch gar nicht gemacht ist; was einen wirklich beschäftigt, ist nicht Schuld, sondern Angst, Leid, Kränkung, Konflikte. Weil als Mittel zum Aussprechen-dieser Probleme die Beichte angeboten wird, werden zuweilen Lebensprobleme in Schuldbekenntnisse umfunktioniert. Obwohl dies sicherlich besser ist als gar nichts, hilft dieses nicht wirksam weiter, es führt doch nicht in die Tiefe und ermöglicht kein tieferes Heilwerden in der Begegnung mit dem Herrn. Beichten, die an der Oberfläche und Peripherie des Lebens bleiben, sind im letzten eine „fromme Lüge".

Es gibt so etwas wie „milieuspezifische" Sünden und Versuchungen wie es auch einen „gemeindespezifischen" Beichtspiegel gibt. Dies wird besonders in den sogenannten „Vorzeigesünden" deutlich! Solche Sünden werden in der Beichte gerne genannt – aus Anstand, aber das eigentlich Dahinter-Liegende kommt nicht zur Sprache.

Nicht selten kommt es vor, daß einer Sünden beichtet, die er nie begangen hat und von denen er auch genau weiß, daß er sie nicht begeht oder daß sie in seinem Leben nur eine periphere Rolle spielen; er bekennt diese Sünden, bringt aber die eigentlichen Probleme seines Lebens nicht ins Wort: er hat gebeichtet, aber nicht sich gebeichtet. Oder er beichtet Sünden, in die er gleichsam verliebt ist: Sünden, die ihn gar nicht aufregen und unruhig machen, mit denen es sich ganz gut leben läßt und die man sich „warm halten" muß. Das Bekennen solcher Sünden umgeht die wirklichen Probleme; auch wo dies durchschaut wird, bleiben die Konsequenzen meist aus. Wegen der mangelnden Ehrlichkeit sich selbst gegenüber verliert ein solches Bekennen jeglichen Kontakt mit dem Leben, weil es mit ihm gar nichts mehr zu tun hat. Um das eigene Leben in die Sprache der Buße zu bringen, bedarf es der Lebenswahrhaftigkeit.

a) Lebenswahrhaftigkeit

Ohne die *lebenswahrhaftige Selbsterkenntnis* wird der Weg der Umkehr und Buße schnell zur frommen Lüge. Eine *Generalbeichte* wird zu solch einer frommen Lüge, wenn einer seine Sünden nach Maß und Zahl im Überblick präsentiert und meint, mit seinem Schicksal „fertig" zu sein; oder er verniedlicht seine Sünden, indem er dem Beichtvater ein Bekenntnis vorlegt, das nur bestätigt, wie „gerecht" und gut er im letzten vor Gott dasteht. Eine lebenswahrhaftige Generalbeichte hingegen verlangt, daß einer sich und sein Leben bekennt, und zwar in seiner Gänze, indem er all seinen Sünden den Charakter beläßt, den sie für das damalige Gewissen besaßen.

Die fromme Lüge der *Devotionsbeichte* wird es dort geben, wo sie zur Selbstdarstellung und Selbstbespiegelung wird. Darin verliert die Andachtsbeichte aber ihren ureigenen Sinn: Christus hatte viel Zeit, den Vater zu betrachten, aber nie Zeit, sich selbst zu betrachten. Auch soll das Bekenntnis nicht im Jubel des gefaßten Vorsatzes und der erwarteten Absolution abgelegt werden, sondern in der ehrfürchtigen Anbetung Gottes und in dem überraschten Staunen darüber, daß die Absolution jede

Erwartung übertrifft, da nur der Herr ihr genügen kann. Ohne das Staunen über Gottes zuvorkommende Freizügigkeit führt das Bekenntnis zu einem *Gnadenautomatismus:* mit dem erschöpfenden Bekenntnis möchte man die Gnade Gottes für sich ausschöpfen, was jedoch Gott und dem Sakrament nicht gerecht wird.

Schließlich muß von einer frommen Lüge gesprochen werden, wenn sich das Bekenntnis allein auf die einzelne sittliche Entscheidung in ihrer äußeren Rechtheit richtet, da dies leicht zu einem pharisäischen Aufrechnen führen kann. Sittlichkeit ist, wie schon angedeutet wurde, keine Angelegenheit einzelner Entscheidungen, sondern von Tugenden! Darum geht das Leben des Glaubens über das Einhalten von Geboten weit hinaus, es sucht nach den entscheidenden Grundhaltungen.

b) Lebensgrundhaltungen

Wie es eine positive Vorgeschichte im Leben des Menschen gibt: Jede gute Intention schafft sich von selbst die äußeren günstigen Umstände für ihr Wirksamwerden, so auch eine negative: Da jede Einzeltat im Kontext des ganzen Lebens steht, wird die einzelne Sünde zum Zeichen dafür, daß im Hintergrund des eigenen Lebens oder in seinem Untergrund etwas nicht in Ordnung ist. Die schlechte Intention, die sich die eigenen Umstände ihres Wirksamwerdens schafft, wirkt als negative Vorsehung auf das eigene Leben. Keine Sünde und Schuld fällt wie ein Blitz aus heiterem Himmel, sondern hat ihre eigene unterschwellige Vorgeschichte; deshalb ist diese zu beichten und nicht bloß vereinzelt dastehende Vergehen. Das Bekenntnis hat sich auf den Lebenshintergrund zu richten, dem die sündige Tat entsprungen ist.

Die frühe Kirche spricht hier von den sogenannten *„Hauptsünden"* (Laster). Das Bedenken der Hauptsünden scheint ihr wichtiger gewesen zu sein als eine genaue Aufzählung von einzelnen Fehlern und Sünden, wie sich bei den frühen Mönchsvätern besonders deutlich zeigt: sie legen bei ihrer Führung im geistlichen Leben besondere Aufmerksamkeit auf die Grundhaltungen des Menschen, die sich in den „Gedanken", den Logismoi ausdrücken. Die sich hinter den Logismoi verbergenden Laster sind ursprünglich keineswegs als Sünde zu betrachten (sie werden dies erst durch die freiwillige Zustimmung), auch benennen die Laster nicht bloß Fehler, die am häufigsten getan werden. Die Hauptsünden sind vielmehr als die Grundhaltungen zu verstehen, die allen anderen Fehlern zugrunde liegen. Die Hauptsünden beschreiben die im Herzen wirksamen verkehrten Neigungen, die hinter den Handlungen zu finden sind; darum stehen die Hauptsünden nicht an derselben Stelle wie die Aufzählung der Zehn Gebote in den Gewissensspiegeln. In den Grundhaltungen finden sich die Wurzeln allen Verhaltens, und erst wenn die verkehrten Neigungen bewußt gemacht und vor Gott bekannt werden, können die konkreten Taten geändert werden.

Warum schenkte die frühe Kirche dem Achten auf die Hauptsünden so viel Aufmerksamkeit? Nach Ansicht der frühen Kirche ist das geistliche Leben ein Kampf, denn im Herzen des Menschen spielt sich das Drama der Heilsgeschichte ab: „Wir haben nicht gegen Menschen aus Fleisch und Blut zu kämpfen, sondern gegen die Fürsten und Gewalten, gegen die Beherrscher dieser Welt, gegen die bösen Geister des himmlischen Bereichs" (Eph 6, 12 f). Die Eigentümlichkeit der Laster besteht darin, daß sie im Menschen bestimmte Stimmungen, Gefühle, Vorstellungen und Fehlhaltungen hervorrufen und darin seinen Weg und sein Handeln grundlegend bestimmen; deshalb mußten sie in der „Eröffnung des Gewissens" dem geistlichen Vater täglich, manchmal sogar öfters am Tag mitgeteilt und dargelegt werden. Zwar wird bei diesem Bekenntnis deutlich zwischen der „confessio sacramentalis" und der „confessio consiliativa" bzw. „directiva" unterschieden, doch der letzteren kommt nicht nur die Möglichkeit der Seelenführung, sondern auch die sakramentale Absolution zu. Aufgabe des Beichtvaters bzw. des geistlichen Führers ist es, dabei zu helfen, das eigene Herz zu erforschen und den geistlichen Kampf zu bestehen.

Die Väter der Wüste, besonders *Evagrios Pontikos* (wie auch später Johannes Cassian), gehen von der Erfahrung aus, daß die Laster untereinander in einer inneren Beziehung und in einem vielfältigen Zusammenhang stehen, in dem das eine Laster durch sein Anwachsen das nächste Laster hervorbringt. Diese innere Kohärenz der Laster untereinander wird im Achtlaster-Katalog beschrieben [17]. Die acht Laster sind „Gedanken" im pejorativen Sinn und werden bei den Mönchsvätern stets in einer meist festen Ordnung aufgezählt: Völlerei, Unzucht, Habsucht, Traurigkeit, Zorn, Akedia, Eitelkeit und Überheblichkeit. Ihnen stehen acht Tugenden gegenüber, nämlich Enthaltsamkeit, Besonnenheit, Besitzlosigkeit, Freude, Langmut, Geduld, Bescheidenheit, und Demut. Drei Gedanken sind von besonderer Bedeutung, nämlich Völlerei, Habsucht und Stolz, sie erinnern an die Versuchungen Christi in der Wüste. Als Wurzel der drei oder acht generischen Gedanken gilt die Selbstverliebtheit (philautia).

Die Bedeutung der Laster liegt darin, daß sie den Menschen unentwegt bedrängen und den Menschen ein Leben lang begleiten. Auf den einzelnen Altersstufen bedrängen sie den Menschen auf je verschiedene Weise, so daß er zuweilen mit dem einen oder anderen der Laster zu kämpfen haben wird.

c) Lebenskrisen

Der Mensch wird nicht nur angesichts der Zehn Gebote zu einem Sünder und auch nicht nur in der Erfahrung der Wirksamkeit von Lastern, sondern in einem noch viel alltäglicheren Sinn. Zwei dieser Grunderfahrungen seien hier als Beispiel genannt: die *Akedia* und die *Krise der Lebensmitte.*

1. Wo Glaubende sagen, daß sie sündigen, sind sie sogar in der Gefahr, die eigentlichen Sünden zu übersehen: Gemeint ist die Gefahr eines spektakulären Scheiterns im Spießbürgertum, wo Leben einfach versandet – eine Bedrohung, die zunächst jenseits der Unterscheidung von moralisch und unmoralisch zu liegen scheint, die aber als ein Zeichen dafür gelten darf, daß der Mensch vor dem eigenen Leben kapituliert.

In diesem Zusammenhang sprechen die Väter von der *Akedia,* die als das gefährlichste aller Laster angesehen wird. Akedia bezeichnet den „Mittagsdämon", der den Mönch in der Wüste durch die Hitze des Mittags bedrängt und in ihm die Sehnsucht nach der ersten Mahlzeit hervorbringt. Es befallen ihn Müdigkeit und Lustlosigkeit, er möchte das Fasten brechen, die Zelle verlassen und das Gebet aufgeben. Er wird entweder mutlos und resigniert oder es packt ihn die Arbeitswut. Die Gefährlichkeit der Akedia liegt darin, daß sie sich wie ein Geschwür ausbreitet und den einzelnen dadurch von seinem Weg abbringt, daß er die Dinge seines Lebens nicht mehr so „ernst" und „genau" nimmt. Es ist auffällig, daß Thomas von Aquin die Akedia für die größte Sünde eines Menschen hält: Nicht Mord, Ehebruch und Glaubensabfall, sondern die schleichende Unlust und das nicht bemerkte Abgleiten in die Gewöhnlichkeit des Lebens führt den Menschen vielleicht am weitesten von Gott weg.

Was ist mit dem Laster der Akedia genauer gemeint und worin liegt ihre Bedeutung? Schon Cassianus bereitete es Schwierigkeiten, den Begriff Akedia überhaupt zu übersetzen: „Sextum nobis certamen est quod Graeci ἀκηδίαν vocant, quam nos taedium sive anxietatem cordis possumus nuncupare"[18], und er nimmt die einfache Transliteration „acedia". Akedia impliziert die Äquivalente wie Ekel, Langeweile, Trägheit, Mutlosigkeit, Mattigkeit, Widerwillen, Schwermut, Überdruß, Herzensangst. Der Überdruß der Akedia kommt nicht aus der Frustrierung einer Begierde, wie das bei anderen Lastern der Fall sein kann, er „ist eine gleichzeitige langandauernde Regung von Zornmut und Begehren, wobei der erstere über das Vorhandene wütend ist, das letztere aber sich nach dem nicht Vorhandenen sehnt"[19]. „Der Überdruß ist eine Erschlaffung (atonia) der Seele, das heißt eine Erschlaffung der Seele, die nicht im Besitz dessen ist, was naturgemäß ist, und die nicht mutig den Versuchungen widersteht."[20] Diese innere Erschlaffung führt zu einer inneren Unzufriedenheit, die auf den ersten Blick meistens nur schwer zu erkennen ist. „Gilt von den anderen (Lastern), daß sie jeweils Glied in einer bunten und vielfältig zusammengesetzten Kette sind, so heißt es vom Überdruß, daß er jeweils der Endpunkt einer solchen Kette ist, also unmittelbar von keinem anderen ‚Gedanken' gefolgt wird."[21]

Die Bedeutung der Akedia liegt darin, daß sie keine Einzelregung ist, sondern ein meist sehr komplexes Gebilde: „Durch die Gedanken machen uns die Dämonen den Krieg, indem sie bisweilen Begierden erregen, bisweilen Zornesausbrüche, dann wieder Zornmut und Begehren gleichzeitig, wodurch der sogenannte komplexe Gedanke entsteht. Indessen kommt dieser nur zur Zeit des Überdrusses vor, die anderen hingegen nahen sich in Abständen, indem sie sich gegenseitig ablösen. Dem Gedanken des Überdrusses aber folgt an diesem Tag kein anderer Gedanke, erstens weil er andauert, sodann auch, weil er fast alle Gedanken in sich enthält."[22]

Der Überdruß kommt aus einem „Gemisch" oder einer „Verflechtung" von Gedanken[23]: Er führt den Menschen in eine Sackgasse, indem er nicht nur einzelne Teile und Bereiche berührt, sondern die ganze Seele umzingelt und jedes vernünftige Nachdenken erstickt[24]. Schließlich gibt es der Mensch auf, den Versuchungen des Lebens zu widerstehen[25]: Alles Vorhandene wird ihm verhaßt, alles nicht Vorhandene begehrenswert. Die Akedia versteckt sich und führt zu allen möglichen Ausflüchten, die eine große Unruhe und innere Unrast mit sich bringen. Dabei kleidet sich die Akedia gerne in das Gewand der Tugend: „Die Unrast kehrt sich so in einen geschäftigen, nimmermüden Aktivismus – und hält sich selbst auch noch für die christliche Tugend der Nächstenliebe!"[26]

Die Akedia kann auch zu einer Lebenshaltung werden. Dabei handelt es sich dann um die „Verzweiflung der Schwachheit", wo der Mensch „verzweifelt nicht er selbst sein" will[27]. Hier liegt die Gefährlichkeit der Akedia darin, daß sie den Reifungsprozeß seines Lebens ablehnen läßt; aufgrund von „Werdescheu" und „Werdeangst"[28] betritt man nicht mehr den Raum seiner Freiheit und läßt es an Hochgemutheit fehlen: „Der in der Akedia befangene Mensch hat weder den Mut noch den Willen, so groß zu sein, wie er wirklich ist. Er möchte lieber weniger groß sein, um sich so der Verpflichtung der Größe zu entziehen. Die Akedia ist eine pervertierte Demut; sie will die übernatürlichen Güter nicht annehmen, weil sie ihrem Wesen nach verbunden sind mit einem Anspruch an den Empfänger."[29]

Als „Weigerung, Mensch zu werden"[30], zeigt sich die Akedia heute überall dort, wo der Mensch die Grenzen seines Daseins nicht akzeptiert, wo er die positiven Gegebenheiten seines Lebens nicht mehr aufgreift und in psychischer Regression lebt[31]. Die Urversuchung des Menschen, nicht der zu werden, der er ist[32], führt in eine träge Bequemlichkeit und läßt ihn „seine eigene Größe in tausend Nebensächlichkeiten, Selbstentschuldigungen und Ausflüchten"[33] verpassen. Es handelt sich hierbei um die Ursünde des Menschen[34], denn in jeder Sünde gibt es die Spuren der Akedia: Bleibt der Mensch hinter sich und dem Maß Gottes zurück, bleibt er sich Gott und sich selber schuldig.

2. Schon die frühen Mönchsväter lehren, daß auf den einzelnen Altersstufen mit je verschiedenen Fehlhaltungen zu kämpfen ist.

Eine ganz besondere geistliche Erfahrung, die auf dem Lebensweg zu einer grundlegenden Fehlhaltung vor Gott führen kann, ist die Krise der *Lebensmitte*. In der ersten Lebenshälfte schaut der Mensch eher auf das, was er leistet, auch im religiösen Bereich. Wer aber in den eigenen Seelengrund finden möchte, muß mit zunehmendem Alter alles Mühen und Leisten beiseite legen und sich ganz für Gottes Wirken in ihm öffnen. Dieser Weg beginnt meist mit der Erfahrung des Scheiterns in den (rein menschlichen und) geistlichen Bemühungen; diese Erfahrung kann damit beantwortet werden, daß der

Mensch in rastlose Aktivität flieht (um Gott in die eigene religiöse Praxis hineinzuzwingen) oder auf dem bisher Erreichten stehenbleibt; die Verkrampfung des Herzens führt den Menschen dazu, sich auf seine bisherigen Frömmigkeitsübungen zu versteifen, so daß er Frommes tut, ohne zu merken, daß er nicht fromm ist.

Der Mystiker und Lebemeister *Johannes Tauler* ist in seinen Predigten den Erfahrungen der Lebensmitte nachgegangen. Er rät nicht, die geistlichen Übungen aufzugeben, betont aber, daß sie allein den Menschen nicht lebendig machen: Im Prozeß zunehmender „Bekumberung" des Lebensgrundes kommt es zu einem Erstarren in den geistlichen Übungen (gegen die „Ordnung Gottes von innen"), zu einem Stehenbleiben bei den sinnlichen und geistigen Vorstellungen (an der Oberflächenzone der Seele) und zu Kompromissen wegen der „bilde der vorgegangener gewonheit". Die Vergötzung relativer (auch geistlicher) Werte läßt den Menschen „zurückbleiben" – „wie Rachel auf die Abgötter sitzen ging". Solche Menschen „richten dicke Mauern zwischen Gott und sich", denn sie „kennen so viele Dinge, doch sich selber nicht", „sie fühlen sich höher als der (Kölner) Dom", aber „es regiert manchmal die Natur da, wo man wähnt, es sei Gott": es ist ein „gedachter und gemachter Gott". Hier muß der Mensch alles vergessen, um das „eine Notwendige" zu gewinnen: „Beichte Gott!" Es gilt nun weniger, formelle Sünden zu bekennen, als innere Klarheit und Hinkehr zu Gott zu finden.

Die Krise der Lebensmitte besteht darin, daß der Mensch auch im geistlichen Leben alles Streben, Leisten und Erkämpfen aufgeben und sich in den eigenen Seelengrund begeben muß. Das Festhalten an äußeren Übungen wäre nicht nur der Tod seines geistlichen Lebens, es würde den einzelnen auch um sich selbst bringen und endgültig den Weg zum lebendigen Gott versperren. Nicht das „Leisten" steht in der Lebensmitte im Vordergrund, sondern das „Sterben", nämlich die Bereitschaft, Gott zu erleiden.

Diese Erfahrung, die Johannes Tauler anspricht, wird von der heutigen Psychologie auf ihre Weise angesprochen und bestätigt: „Wie es eine große Zahl junger Menschen gibt, die im Grunde genommen eine panische Angst haben vor dem Leben, das sie doch so sehr ersehnen, so gibt es eine vielleicht noch größere Zahl alternder Menschen, welche dieselbe Furcht vor dem Tode haben. Ja, ich habe die Erfahrung gemacht, daß gerade jene jungen Leute, welche das Leben fürchten, später ebensosehr an Todesangst leiden. Sind sie jung, so sagt man, sie hätten infantile Widerstände gegen die normalen Forderungen des Lebens; sind sie alt, so müßte man eigentlich dasselbe sagen, nämlich daß sie ebenfalls Angst vor einer normalen Forderung des Lebens haben. Aber man ist dermaßen davon überzeugt, daß der Tod einfach das Ende eines Ablaufes ist, daß es einem in der Regel gar nicht beikommt, den Tod ähnlich als ein Ziel und eine Erfüllung aufzufassen, wie man es bei den Zwecken und Absichten des aufsteigenden, jugendlichen Lebens ohne weiteres tut."[35] Lebendig bleibt nur, wer bereit ist, mit dem Leben zu sterben.[36]

Die Überlegungen zur Erfahrung der Akedia und der Lebensmitte zeigen, daß der Mensch nicht erst durch die konkrete Tatsünde vor Gott fehlt, vielmehr können schon Grundhaltungen seines Lebens den Weg zu Gott versperren und zu einem „Götzen" werden. Es gilt demnach, im Erkennen der eigenen Lebenslage wie auch im Anerkennen der eigenen Schuld und im Bekennen der persönlichen Sünde den Lebenshintergrund zu bedenken, aus dem alles Handeln des Menschen entspringt und seine Wurzeln hat.

4. Bekennen

Das Anerkennen der eigenen Schuld führt den Menschen auf den Weg des Bekenntnisses. Die Erkenntnis der Sünde wird wirkungslos, wenn sie nicht zum Bekenntnis wird oder das Bekenntnis zur Umgehung der wirklichen Umkehr führt[37]: Schulderkenntnis und Schuldbekenntnis gehören zusammen. Im folgenden sollen drei Grunddimensionen des Bekenntnisses betrachtet werden.

a) Die kirchliche Dimension

Die Erfahrung der eigenen Schuld und Sünde führt in die Begegnung mit Christus und seiner Kirche: „Christus ‚ist' eben wirklich die Kirche; die Kirche ist der Bereich seines ‚Friedens' und handelt entscheidend an seiner Statt."[38] Die Zugehörigkeit zu Christus wie auch die Zugehörigkeit zur Kirche sind die beiden Grunddimensionen des in Christus geschenkten neuen Lebens der Versöhnung. Jede christliche Versöhnung ist vermittelt durch Menschen (Mt 6, 14; 18, 15 ff), so daß die Versöhnung mit der Gemeinschaft der Kirche (Mt 16, 18; 18, 18) auch das sakramentale Zeichen der Versöhnung mit Gott ist. Jede Versöhnung mit Gott schließt die Versöhnung mit dem Bruder und der Schwester und mit der Kirche ein: Die Versöhnung ist also keine Sache des einzelnen, sondern der ganzen Kirche, die als ganze Träger der Vollmacht von Versöhnung ist: „Noch für Augustin, der eindeutig die Notwendigkeit der *amtlichen* Vollmacht für den Bußvollzug vindiziert, ist der eigentliche Träger der Schlüsselgewalt die ganze Kirche."[39] Nicht Petrus allein, „sondern die ganze Kirche bindet und löst die Sünden"[40].

Die kirchliche Dimension der Versöhnung spricht Pascal in seinen Pensées an: „Gott wollte nicht ohne die Kirche absolvieren; wie sie an der Beleidigung teilhat, so soll sie nach seinem Willen auch am Verzeihen teilhaben; er gesellt sie dieser Vollmacht zu, wie die Könige es bei ihren Parlamenten tun. Wenn sie aber ohne Gott löst oder bindet, ist sie nicht mehr die Kirche; wie das auch beim Parlament der Fall ist: wenn der König einen begnadigt, muß diese Gunst vom Parlament eingetragen werden; ratifiziert aber das Parlament ohne den König, oder weigert es sich, die Verfügung des Königs zu bestätigen, so ist es nicht mehr das Parlament des Königs, sondern eine Körperschaft in Revolte."[41] Da der Kirche als ganzer die versöhnende Sendung gilt[42], wird auch die ganze kirchliche Gemeinschaft bei den Sakramenten aktiv; sie versöhnt den einzelnen mit Gott, wie es in der Lossprechungsformel heißt: „Durch den Dienst der Kirche schenke er dir Verzeihung und Frieden."

Es ist noch mehr zu sagen: Weil das Werk der Versöhnung der Kirche als ganzer aufgetragen ist, tun alle alles, aber nicht auf dieselbe Weise: „Die ganze Kirche wirkt als das priesterliche Volk beim Werk der Versöhnung, das ihr von Gott anvertraut worden ist, auf verschiedene Weise mit."[43] Die Gläubigen sprechen zwar das Urteil der Vergebung nicht aus, weil sie „ex officio" der Gemeinde nicht vorstehen, doch sie haben daran teil, wie die lange Praxis der Laienbeichte zeigt, der noch Thomas einen gewissen sakramentalen Grad zuerkennt[44]. Während die liturgisch-ekklesiale Dimension jeder Versöhnung in der heutigen Praxis der Privatbeichte weitgehend verlorengeht, gilt in der frühkirchlichen Bußpraxis der „ordo paenitentium" als ein Stand und als „ein gesellschaftliches Zeichen dafür, daß die ganze Gemeinde fortwährend der Bekehrung bedarf"[45]. Der Gemeinschaftsbezug der Sünde findet seinen Ausdruck darin, daß auch bei der Bekehrung und Rekonziliation die ganze Gemeinde ihr eigenes Priestertum ausübt: Das Handeln des Bischofs bzw. seines Priesters *und* die Mitwirkung der Gemeinde aktuieren die Mittlerfunktion der ganzen Kirche[46]. Der Dienst der Versöhnung ist für die Kirche kein Dienst neben vielen anderen, sondern Grundvollzug der Kirche als der sakramentalen Präsenz der vergebenden Gnade Gottes.

Die Verzeihung durch Gott gilt nicht als „automatische" Folge des kirchlichen Handelns, denn die Kirche kann ihr eigenes Tun nicht unmittelbar identisch setzen mit dem Tun Gottes. Es gibt eine bleibende Differenz zwischen dem Tun der Kirche und dem Tun Gottes. Das wird in der Lossprechung deutlich, die bis Thomas von Aquin die Form eines fürbittenden Gebetes hat; ferner fällt auf, daß in der frühen Kirche die Wiederversöhnung mit der Kirche zunächst rein *deklarativen* Charakter hatte und erst dann gewährt wurde, wenn die Vergebung durch Gott geschehen ist: „Die Wiederaufnahme in die volle kirchliche Gemeinschaft ist somit die öffentliche Erklärung, daß Gott dem Sünder vergeben hat."[47] Die hiermit verbundene Vollmacht der Kirche bleibt ihrem Wesen nach rückgebunden an die von Christus begründete und begrenzte Vollmacht: Die Kirche als das Rahmensakrament der Versöhnung steht auf dem Fundament des Ursakraments Jesus Christus. Die ekklesiologische Begründung des Bußsakramentes ist christologisch grundgelegt[48], weil sie aus der Begegnung mit dem auferstandenen Herrn kommt. Dabei darf die Verschiedenheit des ekklesiologischen und christologischen Aspekts nicht übersehen werden: Die Wiederversöhnung des einzelnen mit Gott, die im Bußsakrament geschieht, schließt zwar gleichzeitig und unabtrennbar die Wiederbelebung der Kommunikation mit der Gemeinschaft der Kirche ein, aber es handelt sich nicht um eine „Wiederversöhnung mit der Kirche", denn Buße ist immer theozentrisch, auf Gott ausgerichtet: Die Kirche bleibt auf dem Weg der Umkehr nur das Vermittelnde, nicht das Endziel[49].

b) Die sakramentale Dimension

Der Prozeß der Umkehr, der das ganze Leben des Christen umfaßt[50], führt in keine Selbstbespiegelung, sondern auf den Weg der Umkehr in das Sakrament. Jede christliche Umkehr ist eine „Umkehr in das Sakrament", in eines der sieben Sakramente. Die Sakramente sind keine christliche Daseinsverbrämung, auch keine rein anthropologische Deutung menschlicher Daseinssituationen auf einen letzten Sinnhorizont, sondern Schnittpunkte der Glaubensgeschichte des Menschen mit Gott. Es gibt keine Gnadenmitteilung, die nicht sakramental ist, denn das ganze Offenbarungsgeschehen ist sakramental.

Über jedes Gnaden*mittel* hinaus gelten die Sakramente als die Heilszeichen der Begegnung zwischen Gott und Mensch: „Wenn nun einmal das Christentum in seiner Grundlage durch und durch sakramental ist, und wenn eben diese Sakramentalität es in der ganzen Größe seines übernatürlichen, geheimnisvollen Wesens darstellt: dann muß natürlich auch das ganze auf jener Grundlage sich erhebende Gebäude einen sakramentalen Charakter tragen"[51], so daß in jedem Sakrament immer auch die übrigen angeboten werden[52].

Neben den vielen Formen der Versöhnung kommt der sakramentalen eine besondere Bedeutung zu. Zwar sind die sakramentalen Zeichen der Versöhnung gegenüber der Umkehr im Glauben zweitrangig, doch nicht unwichtig, wie sich aus der Bedeutung der Sakramente im Leben des Glaubens erklärt: Der Mensch braucht Zeichen und Symbole, in denen sich sein Leben verdichtet, besonders in den entscheidenden Erfahrungen seines Lebens (Geburt, Ehe, Krankheit, Tod). Der Mensch bedarf der Zeichen auch dort, wo es um das Heil seines Lebens geht. Mit der Inkarnation werden die Symbole menschlichen Daseins zu Heilszeichen: Die Gemeinschaft des Mahles wird zum Zeichen der Hingabe Jesu; menschliche Treue weist hin auf die Treue Gottes; menschliche Schuld kennt von Christus her Versöhnung. Wie sich Sünde verleiblicht in Wort und Handlungen, in Welt und Gesellschaft, ist auch das Heil „leiblich" erfahrbar: In den Sakramenten wird dem Menschen das Heil, das ihm in Jesus Christus gegeben ist, so zuteil, wie es ihm und seinem Leben entspricht[53].

Die Zeichen des Heils lassen erkennen, daß der Mensch das entscheidende nicht machen, sondern nur empfangen kann. „Die christlichen Sakramente empfangen heißt: eintreten in die von Christus ausgehende Geschichte in dem Glauben, daß dies jene rettende Geschichte ist, die dem Menschen jenen Geschichtszusammenhang eröffnet, der ihn wahrhaft leben läßt und ihn in seine wahre Eigentlichkeit führt – in die Einheit mit Gott, die seine ewige Zukunft ist."[54] Als Konkretisierungen und Aktualisierungen des sakramentalen Heils entsprechen die Sakramente den verschiedenen Situationen menschlichen Lebens.

Jede christliche Gemeinde, die aus der Versöhnung lebt, wird selber zum Sakrament der Versöhnung. Der Poenitent ist nicht nur für sich ein armer Sünder, er steht in der Gemeinschaft von Sündern, die die Kirche ist und die er um den Zuspruch der Versöhnung bittet, den er sich selber nicht geben kann. Er bleibt auf die Amtshandlung der Kirche angewiesen. Das sakramentale Tun der Kirche gehört als „forma" des Sakramentes mit in die Buße, weil es die Sündenerkenntnis des einzelnen erst zu sich selber bringt. Das frühchristliche Bußritual brachte dies durch seinen Öffentlichkeitscharakter deutlich zum Ausdruck, denn es betraf das Verhältnis des Schuldiggewordenen zur Gemeinde, besonders wenn eine der drei „Kapitalsünden" vorlag. Die Aussöhnung mit der Gemeinde galt als die Außenseite der Wiederversöhnung des Sünders mit Gott, und die in der Rekonziliation gewährte „pax cum ecclesia" schloß in gleicher Weise die Versöhnung mit Gott ein: „Im Sakrament der Buße versöhnen (die Priester) die Sünder mit Gott und der Kirche."[55]

c) Die soziale Dimension

Paulus schreibt: „Ich begreife mein Handeln nicht: Ich tue nicht das, ich will, sondern das, was ich hasse … Denn ich tue nicht das Gute, das ich will, sondern das Böse, das ich nicht will" (Röm 7, 15–19). Wer Gott seine Sünde anvertraut, wird auch mit ihr fertig werden, vertraut er aber auf sich, bleibt er sich selber entfremdet. Sich selbst entfremdet, wird der Mensch auch anderen fremd. Der Turm von Babel ist ein beredtes Zeichen dafür: Menschen verstehen sich nicht mehr!

Ein anderes Bild der Schrift ist das der „Herzensverhärtung": in sich verstrickt, kann der Mensch nicht aus sich herausgehen noch auf den anderen zugehen. Schließlich errichtet er Mauern, und alles wird bitter und unfruchtbar: „Was könnte ich für meinen Weinberg tun, das ich nicht für ihn tat?", fragt Jahwe sein Volk. Wer sich der unermüdlichen Sorge seines Gottes nicht aufschließt, dessen Lebensfrüchte werden bitter: „Wie sehr hoffte ich auf köstliche Trauben. Doch es gibt nur saure Trauben" (Jes 5, 4). Das Weggehen von Gott kann auch zur Absonderung vom Nächsten führen (Mt 25, 14–29; Lk 10, 31), besonders von den Hungernden, Nackten, Durstigen, Gefangenen, Kranken, Fremden und Obdachlosen (Mt 25, 45). Hinter der geschuldeten Liebe zurückbleibend (Röm 13, 8), verliert der Mensch sich selbst und die Wege Gottes.

Führt die Sünde in die Vereinzelung und Vereinsamung, so holt das Bekenntnis den Menschen aus der Absonderung heraus und stellt ihn neu in die Gemeinschaft. Wie jedes Sakrament immer auch die horizontale Begegnung mit dem Mitmenschen einschließt, so führt auch der Empfang des Bußsakraments in die Begegnung mit anderen Menschen. Die Annahme der eigenen Schuld bedarf der Annahme durch einen anderen, denn auch die Versöhnung mit Gott wird über die Versöhnung mit dem Bruder und der Schwester erfahren: Im Bekenntnis vor dem Beichtvater erfährt der einzelne, daß er von Gott angenommen ist.Diese Dimension der Gemeinschaft der Sünder wird besonders deutlich im Bußgottesdienst: Er kann zu einem Zeichen der neu gewonnenen Gemeinschaft werden und ermöglicht eine neue religiöse Identität in der Gemeinschaft.

Viertes Kapitel

Vollzüge der Versöhnung

Nachdem die vier Grundschritte des christlichen Umkehrweges bedacht sind, stellt sich die Frage, wie sie im
Vollzug der kirchlichen Sakramentenpraxis ihren Ausdruck finden. Eine wichtige Antwort gibt die neue Bußordnung, zu der es in den Jahren des Konzils und seiner
Rezeption kam. Die Konstitution über die Heilige Liturgie, das erste größere Dokument, welches das Zweite Vatikanische Konzil verabschiedete, stellt die Reform des
Bußsakraments noch nicht eigens in den Vordergrund,
erst gegen Ende heißt es: „Ritus und Formeln des Bußsakraments sollen so revidiert werden, daß sie Natur und
Wirkung des Sakraments deutlicher ausdrücken"
(Nr. 72). Zu einer ersten Neuerung kam es, als eine 1964
erschienene Instruktion zur Durchführung der Konstitution über die Heilige Liturgie eigens die Spendung des
Bußsakramentes in der Muttersprache erlaubte.

Der neue *Ordo Paenitentiae,* der am 2. Dezember
1973 herausgegeben, aber erst im Februar 1974 veröffentlicht wurde, will keine Neuordnung des Bußsakramentes, sondern der Buße sein: Über fünfzig Seiten
liturgische Texte beziehen sich auf die Formen sakra-
mentaler Buße, vierzig Seiten enthalten Texte für nicht-
sakramentale Bußgottesdienste.

Der neue Ordo Paenitentiae führt vier wesentliche
Akzente in die überkommene Bußordnung ein[1]: Er
bricht die tridentinische Engführung (Buße = Beichte)
auf zugunsten der „vielen Wege der Sündenvergebung"

(multae viae paenitentiae). Anstelle einer Überbewertung der priesterlichen Lossprechungsgewalt wird die Bedeutung der Bußtat hervorgehoben: sie bildet den Kern der Buße. Damit eng verbunden ist der *„therapeutische"* Charakter der Buße, der jede Anspielung an die Beichte als einer Gerichtsszene zurücktreten läßt. Stand bisher das vollständige Bekenntnis (nach Umständen, Zahl usw.) im Vordergrund (enumerative Anklage), so läßt das therapeutische Verständnis der Buße die Vollständigkeit des Bekenntnisses *nicht substantiell* zur Buße gehören (vgl. dazu die dritte Form „gemeinschaftliche Feier der Versöhnung mit allgemeinem Bekenntnis und Generalabsolution"). Schließlich betont der neue Ordo Paenitentiae die *ekklesiale* Dimension der Buße; selbst die Einzelbeichte („Feier der Versöhnung für einzelne") trägt kirchlichen und gottesdienstlichen Charakter, wie im Vollzug von Schriftlesung, Gebet, Wortgottesdienst deutlich wird; auch die deprekatorische Lossprechungsformel, die der indikativischen hinzugefügt ist, läßt die Buße nicht mehr so sehr als einen Akt des einzelnen (und seines Beichtvaters) sehen, sondern als ein kirchliches Geschehen.

Die Veränderung im Verständnis des Bußsakraments wird schon rein sprachlich deutlich: Statt „confessione" (italienisch), „confesión" (spanisch), „confession" (englisch) und „confession" (französisch) verwendet der Text die Begriffe „reconciliari" und „reconciliatio": nicht Bekenntnis und Lossprechung stehen im Vordergrund, sondern die Versöhnung, nämlich Gottes mit dem Sünder. Die Überschriften der drei ersten Kapitel des neuen Ordo Paenitentiae lauten: Die Feier der Versöhnung für einzelne; Gemeinschaftliche Feier der Versöhnung mit Bekenntnis und Lossprechung der einzelnen; Gemeinschaftliche Feier der Versöhnung mit allgemeinem Bekenntnis und Generalabsolution. Weil der Ordo Paenitentiae nicht nur die Beichte, sondern die Buße als Grunddimension christlichen Lebens erneuern möchte, sei im folgenden neben der sakramentalen Form der Buße auch die nicht-sakramentale bedacht.

1. Der eine Weg

Es wurde schon deutlich, daß sich die Notwendigkeit des Bußsakraments aus der Parallelität zu den anderen Sakramenten ergibt. Aber diese Notwendigkeit bleibt keine rein äußere: Wie der Sünder *seine* Sünde und die Geschichte *seiner* Verfehlung gesetzt hat, so darf er auch *seine* Umkehr gestalten. Das Bekenntnis ist keine Pflicht oder drückende Auflage, sondern geschenkte Möglichkeit. Wer sich und sein Leben im Licht des Glaubens versteht, erfährt das Bußsakrament – fern von jedem rein disziplinarischen Verständnis – als eine Möglichkeit, das neue Selbstverständnis worthaft zum Ausdruck zu bringen: Nicht die Notwendigkeit der Auflage, sondern die Erfahrung eines neuen Vertrauens wie auch die Entschiedenheit des neuen Selbstverständnisses finden ihren konkreten Ausdruck im Empfang des Sakraments.

Damit es beim Empfang des Bußsakraments zu keinem äußeren Formalismus kommt, sind zwei Voraussetzungen zu bedenken. Eine erste Voraussetzung findet sich im Zueinander von Poenitent und Priester. Der Poenitent ist dem kirchlichen Handeln nicht nur zugeordnet, er gehört mit in den Vollzug. Für Thomas von Aquin gehört das amtliche sakramentale Handeln des Priesters zu dem des Poenitenten, wie sich Form und Materie entsprechen. Beide zusammen bilden den einen sakramentalen Vollzug. Indem beide Vollzüge aufeinander verweisen und sich gegenseitig kausal beeinflussen (auf je verschiedene Weise), gehört der Vollzug des Poenitenten mit seinem Bekenntnis und dem Akt der Reue wesentlich zum Sakrament hinzu und unterliegt nicht bloß dem kirchlich-sakramentalen Heilshandeln. In keinem anderen Sakrament gehört das Tun des Empfängers so sehr zum Vollzug des Sakraments wie beim Sakrament der Buße; es darf somit als das existentiellste Sakrament bezeichnet werden.

Noch ein weiteres ist zu bedenken: Das kirchliche Heilshandeln, das zum Bekenntnis des Poenitenten hinzutritt, bedeutet mehr als einen richterlichen Akt, es geht um eine Hilfe zur Selbsterschließung vor Gott. Diese Selbsterschließung des Sünders vor Gott kann nicht erzwungen und von außen auferlegt werden: „Wo das Reden über die Sünde nicht von selbst zum Bekenntnis wird, ist ihre Entdeckung noch nicht wahrhaft vollzogen."[2] Die Faszination einer „schnellen" Lösung und Lossprechung bleibt eine Scheinlösung: Wenn die Absolution gleich nach der Beichte erteilt wird, ist das Sakrament leicht in Gefahr, zu einem mechanisch-magischen Sakramentalismus zu entarten. Um eine sakramentalistische Engführung zu vermeiden, ist es notwendig, daß der Poenitent sich Zeit nimmt, um sich und sein Leben ins Wort zu fassen; er darf dabei auf kein vorgefertigtes Schema festgelegt sein oder unter Zeit- und Erwartungsdruck stehen. Vielmehr muß die Begegnung mit dem Priester Grundhaltungen vermitteln, die zu einem neuen Selbstverständnis vor Gott führen.

Damit stellt sich die Frage, wie das Bußgeschehen keine Symptomtherapie bleibt, sondern heilend in das Leben des Glaubenden wirkt. Die Antwort wird darin zu suchen sein, daß das Bußgeschehen von jedem äußeren Schema befreit und in allem so „personalisiert" wird, daß es zu einer Begegnung im Glauben kommen kann. Dazu soll im folgenden der Weg des Beichtgesprächs mit seinen einzelnen Schritten vorgestellt werden.

a) Reue

Schuld und Sünde wollen unerkannt bleiben. Erst wer seine Schuld anerkennt und sich in der Reue von ihr distanziert, kann sich vor einem anderen als schuldig bekennen: „Sündenerkenntnis und Reue bedingen einander. Sie sind zwei Momente in dem einen Prozeß der Umkehr, die sich gegenseitig hervorrufen."[3]

Durch zwölf oder dreizehn Jahrhunderte kam die Kirche ohne den uns so wichtig scheinenden Unterschied zwischen vollkommener und unvollkommener Reue aus. In der vollkommenen Reue geschieht die Versöhnung mit Gott bereits vor dem Empfang des Bußsakraments: Wer als Sünder in der Liebesreue seine Vergehen bereut, kommt gerechtfertigt zum Sakrament. Daraus erklärt sich, daß das Bekenntnis der eigenen Schuld zwar ein Grundbestandteil des Bußsakraments ist, aber nicht der wichtigste, wie die Tatsache zeigt, daß auch losgesprochen werden kann, wer nicht fähig ist zu reden, sofern er eben im Herzen Schmerz über seine eigenen Sünden empfindet: Gott verzeiht die Sünde auch ohne richterlichen Vollzug der Beichte[4]. Das Sakrament wiederum kann nie von der Liebesreue dispensieren. Darum heißt es im katholischen Erwachsenenkatechismus über die Versöhnung in der vollkommenen Reue: „Eine solche Reue hat die Kraft, die alltäglichen Sünden zu vergeben; sie schenkt auch die Vergebung der schweren Sünden, wenn sie mit dem festen Vorsatz zum sakramentalen Bekenntnis verbunden ist."[5]

Durch die reuevolle Umkehr wird die in Christus ge-
schehene Versöhnung im Menschen wirksam. Was damit gemeint ist, kann wiederum Johannes Tauler
verdeutlichen. Er legt allergrößten Wert auf die Beichte
vor Gott, die in der Haltung der Reue unmittelbar nach
der Sünde abgelegt wird. Für den praktischen Vollzug
gibt Tauler die Weisung: „Bekenne (deine Schuld) zuerst
Gott; ja und beginne nicht etwa mit einer deiner (Fröm-
migkeits-)Übungen und deinen gewohnten kleinen Ge-
beten; sondern sprich aus der Tiefe deines Herzens mit
innerlichem Seufzen: ‚Ach, Herr, habe Erbarmen mit
mir armen Sünderin‘, und verharre in dir. Sieh, das ist
dir tausendmal besser als alle Lesungen und außerge-
wöhnlichen Akte, womit du der Sünde entgingest. Nur
nimm dich in acht, daß der böse Feind dir nicht mit un-
geordneter Traurigkeit dazwischenkomme. Dergleichen
bitteres Gewürz mischt er gern dazwischen. Das Gewürz, das der Herr uns gibt, ist milde und gut. Nach der
Strafe folgt eine zarte Besänftigung des Gemütes, ein lie-
besvolles Vertrauen, eine freundliche Zuversicht, eine
heilige Hoffnung.“ [6]

Johannes Tauler betont sogar, daß die Beichte vor
Gott wirksamer und wertvoller ist als das Bekenntnis
vor dem Priester. „Und so sollst du dich (alsdann) verhalten: sobald du irgendwie in einen Fehler gefallen
bist, beichte Gott ohne Säumen. Entfallen dann deinem Gedächtnis deine Fehler, so daß du nicht (mehr)
weißt, was du sagen sollst, wenn du zu deinem Beichtvater kommst, so glaube (nur), die Sünde sei dir besser
vergeben, als ob du sie dem Priester selbst gebeichtet
hättest. Aber ich bitte euch, in der Beichte äußerlich
nicht viel Worte zu machen. Die heilige Kirche hat die
Beichte für die Todsünden eingesetzt. Und hättest du
Zweifel, ob ein Ding Todsünde sei oder nicht zu denen

gehöre, die täglich geschehen, so mach es schlicht und kurz ab."[7]

Wer immer wieder in die gleiche Sünde fällt, dem gibt Tauler den Rat: „und fällst du des Tages siebenzigmal, ebensooft kehre um und komme wieder zu Gott; dann kommst du nicht zu oft zu Fall"[8]. Gewiß, die schweren Sünden „gehören notwendigerweise in die Beichte"[9], doch Tauler fügt hinzu: „Kehrtet ihr euch von Grund aus mit allem Eifer zu Gott, so hörte die Versuchung, die euch entstellt, auf, euer vieles Beichten hörte gänzlich auf, und alles käme in Ordnung durch innere Übung, derart, daß man sich innerlich zu Gott wendete, seine Fehler bekennte und sich ihm schuldig gäbe, da fiele alles ganz ab, und käme man zur Beichte, so wüßte man nichts mehr zu sagen."[10].

Johannes Tauler hebt hervor, daß kein Schaden entsteht, wenn die Sünden dem Gedächtnis entfallen, ehe sie in der Beichte bekannt werden können. Sind die alltäglichen Fehler vor Gott gebeichtet, so besteht kein Grund mehr, sich darüber zu beunruhigen. Um so wichtiger ist für Tauler, daß die Sünden kurz und einfach vorgetragen werden, denn die Beichtväter wissen aus Erfahrung, daß man nicht danach trachten soll, „äußerlich lange zu beichten, viel Einzelheiten zu erzählen in den täglichen Verfehlungen"; das trägt „wenig Fortschritt ein ... und das Reden schafft die Gebrechen nicht weg", „denn dieses äußere Hersagen ohne innere Beteiligung bringt wenig Frucht, wenn es sich um Dinge dreht, die keine schweren Sünden sind". Für Tauler ist das lange Hersagen vieler Einzelheiten, die bei den täglichen Verfehlungen unterlaufen, „ein Kennzeichen eines dem inneren Bekenntnis gegenüber unbesorgten Menschen"[11]. Wichtiger als das häufige Beichten und das detaillierte Aufzählen der einzelnen Fehler und Sünden ist für Tauler, daß der Glaubende in der rechten Haltung vor Gott lebt und sich um die rechte Reue bemüht, bevor er zur Beichte eilt.

b) Bekenntnis

Eine rein pathologische oder psychologische Sicht von Sünde und Schuld bleibt nur im Vorraum der Buße: Der Bekennende ist Sünder, nicht Kranker. Eine pathologische Interpretation von Schuld und Sünde gibt keine Sinndeutung, hingegen führt das Bekenntnis von Sünde und Schuld zur Distanzierung und Absage von Sinnverlust, denn Gott schenkt dem Sünder eine neue Zukunft. Christus betrachtet die Sünde als etwas, das getilgt werden muß, nicht als etwas, das der Mensch bloß einsehen und bedauern muß. Im Bekenntnis eignet sich der Poenitent diese Sicht der Sünde an und betrachtet sie so, wie sie sein Herr betrachtet. Im Bekenntnis der eigenen Schuld drückt der Poenitent seine Entschiedenheit für eine bessere Zukunft aus: er distanziert sich von der eigenen Vergangenheit und entscheidet sich für die Zukunft. Dieser *Vorentwurf der eigenen Zukunft* gehört zur Wahrhaftigkeit von Buße und Bekenntnis[12].

In der westlichen Tradition sind die „Bekenntnisse" (Confessiones) des Augustinus das Muster für das christliche Bekenntnis überhaupt. Sie machen deutlich, daß im Bekenntnis der eigenen Schuld die tieferen Beweggründe der Handlungen zu prüfen sind: erst so wurde Augustinus zu dem, der er geworden ist. Ferner gibt es kein Sündenbekenntnis, das nicht zugleich ein Bekenntnis des Glaubens und ein Bekenntnis des Gotteslobes ist: Der Poenitent, der sich „über das vollkommene Gesetz der Freiheit beugt und dabei verharrt" (Jak 1,25), weiß, daß das Gesetz nur in Christus erfüllt wurde „und uns

durch den Heiligen Geist als der vollkommene ‚Beichtspiegel' vorgehalten wird"[13]. Von hier aus wird verständ-
lich, daß der Sünder nicht nur seine Sünden bekennt,
sondern auch Gott bekennt, und zwar im Sinn eines
Glaubensbekenntnisses. Bekennen, das „Beichten", das
dem Bußsakrament den Namen „Beichte" gab, ist nur
die eine Seite: Wer seine Schuld bekennt, bekennt zugleich das unendliche Erbarmen Gottes, denn dieses
Glaubensbekenntnis macht erst das (Sünden-)Bekennt-
nis möglich.

Was das konkrete Bekenntnis angeht, besteht ein Unterschied zwischen notwendiger und freier Materie: nur
die schwere Schuld ist immer notwendige Materie. Die
materielle Integrität des Bekenntnisses, die sich auf die
schwere Schuld bezieht, darf nicht im mechanischen
Sinn verstanden werden, denn die persönliche Intimität
schließt eine moralische Überforderung im Bekenntnis
aus[14]: Jede menschliche Begegnung impliziert einen *Prozeß zunehmender Offenbarung,* bei dem es eine Zeit des
Wartens und Sichgeduldens gibt. Es kann durchaus sein,
daß ein Sünder im Einzelfall zum konkreten Bekenntnis
noch nicht fähig ist und dennoch losgesprochen werden
kann[15]. Dies erklärt sich aus folgender Überlegung: Jede
Sünde bleibt hineingenommen in die ganz eigene Lebensgeschichte, deshalb kann sie nie ganz klar definiert,
sondern „nur" erzählt und gedeutet werden – nicht als
Sachmitteilung, sondern als Selbstmitteilung.

Um das eigene Leben und die einzelnen Sünden und
Fehlhaltungen in ihrer Bezogenheit auf das Zentrum des
eigenen Lebens zu erkennen, bedarf es der nötigen Zeit
und Distanz. Wo Distanz und Vertrauen (zum Beichtvater) nicht gegeben sind, ist der einzelne zur *Integrität* des
Bekenntnisses nicht verpflichtet, erst recht, wenn er psy-
chisch, emotional oder zeitlich (z. B. in der Todesstunde)

unter Druck steht oder überfordert ist. Eine Unmöglichkeit zur Integrität im *physischen* Sinn wird dann gegeben sein, wenn die nötige Kraft und Zeit fehlt, im *moralischen* Sinn, wenn man nicht den Beichtvater eigener Wahl hat und das Bekenntnis bei ihm Nachteile mit sich bringt, und (unter Umständen auch) im *emotionalen* Sinn, wenn man vielleicht noch nicht den nötigen Abstand zur Vergangenheit hat.

Von diesem Gedanken aus läßt sich auch das Bekenntnis von leichter und schwerer Sünde genauer bestimmen (auf der römischen Synodenversammlung über Versöhnung und Buße wird die Dreiteilung von läßlicher Sünde, schwerer Sünde und todbringender Sünde aufgegeben, weil es zwischen Leben und Tod keinen mittleren Weg geben kann). Für die Formulierung des Bekenntnisses darf eine innere Hierarchie bei der Auswahl der einzelnen zu nennenden Sünden maßgebend sein. Unter bestimmten Umständen ist auf eine formelle Vollständigkeit des Bekenntnisses sogar zu verzichten: *„Der Sünder darf sich auch in der Beichte nicht wegwerfen und geistig prostituieren."*[16] Sogar bei schwerer Schuld, die mit Recht eine materielle Integrität im Bekenntnis verlangt, will der Bekennende nicht nur Sachwahrheiten, sondern sich selbst bekennen und mitteilen.

Deswegen kann es sein, daß sich der Poenitent im Bekenntnis der ganzen und vollen Wahrheit nur nach und nach eröffnet; das führt zu keinem Subjektivismus, denn die Beichte leitet den einzelnen gerade zu höherer Wahrhaftigkeit der Umkehr an – aber eben auf dem Weg personaler Begegnung: „Wenn Kommunikation in Freiheit führen soll, muß ein zeitweiliges Zurückhalten nicht unwahr sein."[17] Trotz dieser Einschränkungen gilt grundsätzlich, daß jedes Schuldbekenntnis vollständig sein muß, denn nur so bringt der einzelne seine aufrichtige Umkehrbereitschaft zum Ausdruck: Schon in der zwischenmenschlichen Versöhnung vollzieht sich das Bekenntnis erst in vorbehaltloser Offenheit!

Damit es im Bekenntnis zu einer zunehmenden Selbsterschließung vor Gott kommen kann, sind vor allem drei Voraussetzungen von Bedeutung, nämlich die nötige Konkretheit des Bekenntnisses, die Wachheit im Erkennen des eigenen Lebens und die Hilfe des Beichtvaters.

1. Eine erste Voraussetzung ist die *Konkretheit des Bekenntnisses*. In der frühkirchlichen Praxis betraf die öffentliche Buße den Zusammenhalt der Gemeinde und deren konkretes Zeugnis der Welt; ganz anders in der Privatbeichte: Die bei der Privatbeichte genannten Sünden sind nicht von ihrer Zuordnung zur Gemeinde bestimmt, sondern von den Zehn Geboten. Die damit oft verbundene Abstraktheit des Bekenntnisses führt heute mit Recht zu manchen Fragen; vor allem stellt sich die Frage nach dem Bezug der privaten Beichte zu den wirtschaftlichen, politischen und sozialen Gegebenheiten, die in der Privatbeichte kaum zur Sprache kommen.

In der Konkretheit seines Bekenntnisses läßt der einzelne erkennen, wie sehr er auf Gott und die kirchliche Heilssorge angewiesen und ihrer auch sicher ist, denn Bekenntnis hat nur dort einen Sinn, wo die vorgängige Gewißheit seiner Annahme herrscht. Der Konkretheit seines Versagens entspricht die Konkretheit seiner Selbstanklagen wie auch die Konkretheit des Zuspruchs der kirchlichen Verkündigung. Oft fällt das Sündenbekenntnis vor Gott leichter als vor einem Menschen, obwohl es umgekehrt eher natürlich wäre, denn Gott als der unendliche Heilige ist ohne Sünde, während der Mitmensch die Erfahrung der Sündigkeit teilt. Wer sich konkret als der anvertraut, der er ist – mit seinen kon-

kreten Sünden und Fehlern (mit allgemeinen Sündenbe-
kenntnissen pflegen sich die Menschen zu entschuldi-
gen), darf sich in allem bei Gott geborgen wissen.

Die hier geforderte realistische Konkretheit meint
nicht, daß man „Mücken siebt und Kamele schluckt",
wie Jesus einmal sagt (Mt 23,24). Bruce Marshall[18] hat
ein treffendes Beispiel für die Frage von zu weitem und
zu engem Gewissen gegeben. Er sagt, wenn man beichte,
daß man ein Seil gestohlen habe, dann solle man gegebe-
nenfalls auch dazu sagen, ob an dem Seil eine Kuh ange-
bunden gewesen sei. Umgekehrt wird man dem Menschen mit einem zu skrupulösen Gewissen sagen dürfen:
Wenn du gebeichtet hast, daß du eine Kuh gestohlen
hast, dann brauchst du nicht ängstlich sein, wenn du
von dem Strick, mit dem du sie weggeführt hast, nichts
erwähnt hast.

2. Geht es im Bekenntnis der eigenen Schuld vor allem um den Weg der eigenen Selbsterschließung vor
Gott, ist damit auch eine Antwort auf die Frage der
Beichthäufigkeit gegeben. Das Leben jedes Menschen hat
seinen eigenen Rhythmus, und weil es in der Beichte um
die Wahrheit, nicht um eine äußere Zeremonie geht, ist
die Häufigkeit der Beichte in das Ermessen des einzelnen
gestellt, mehr als in den anderen Sakramenten: „Es
braucht eine innere Wachheit und Lebendigkeit, um zu
wissen, wann der rechte Zeitpunkt gekommen ist.
Schon dafür ist eine gewisse christliche Mündigkeit und
Verantwortung gefordert."[19] Der Zeitabstand zwischen
den einzelnen Beichten wird kaum recht gefunden worden sein, wenn der einzelne seine Sünden nur noch
„vom Hörensagen her" kennt oder das Sündenbekenntnis bloße „Archivarbeit" wird. Es wird eigens darauf hin-
gewiesen, daß jeder „in Zeitabständen, in denen das
Leben noch überschaubar ist, das Bußsakrament emp-

fängt"[20]. Die Konkretheit des Bekenntnisses verlangt, daß das, was bekannt wird, beim Poenitenten im wachen Bewußtsein ist, also vom Lebensprozeß her nicht schon längst abgetan und vergessen ist.

3. Eine weitere Voraussetzung für die Selbsterschließung des Poenitenten ist die *Begegnung mit dem Beichtvater,* die sich nicht nur auf einen formal-juridischen Akt beschränken läßt. Daran erinnern die Kirchen des Ostens, für die die Begegnung mit dem Beichtvater immer auch eine pneumatische und seelsorgerliche ist. Während das Bekenntnis im Osten dem Seelenführer ermöglichen soll, den Weg des Poenitenten zu begleiten, wird in der abendländischen Vorstellung mehr das Beschämende im Bekenntnis betont, da das Aussprechen der Sünde als ein wichtiges (asketisches) Bußmittel angesehen wird; so wurde auch die Laienbeichte im Notfall befürwortet, denn im Beschämenden des Bekenntnisses sah man das votum sacramenti verwirklicht[21]. Im Westen war die Laienbeichte orientiert an der „vis confessionis", im Osten hingegen an der pneumatischen Kompetenz und Gestalt des geistlichen Vaters, gleich ob er Priester oder Laie war. Bei der Erneuerung des Bußinstituts wird es von Bedeutung sein, ob der Priester in der Ausübung seines Amtes auch in seiner charismatischen Kompetenz erkennbar ist.

c) Zuspruch und Lossprechung

„Der Beichtvater soll allzeit bereit sein, die Beichten der Gläubigen zu hören, so oft sie aus einsichtigen Gründen darum bitten."[22] Neben dieser Bereitschaft sind vom Beichtvater auch andere Qualitäten beim Geben des *Zuspruchs* von Bedeutung. Zunächst ist zu betonen, daß der Zuspruch aus dem Gebet des Beichtvaters kommen muß, und zwar spürbar. Weil der Poenitent ihn in seine Intimität eingelassen hat, soll der Zuspruch ihm Anteil geben am Gebetsleben des Beichtvaters: „Beiden ist nicht das Gegenseitige wichtig, sondern daß in der beiderseitigen Offenheit zu Gott und zueinander das Wirken Gottes, des Heiligen Geistes ungehindert sich vollziehe."[23] Der Beichtvater wird das in der Beichte Erfahrene nicht weiter für sich breittreten: eine Beichte ist nicht Gesprächs-, sondern Gebetsinhalt.

Die *Lossprechung* führt in die Begegnung mit dem verzeihenden und versöhnenden Gott, eine Begegnung der höchsten Dichte neutestamentlicher Verkündigung. Die sakramentale Lossprechung ist aber nicht nur als der Schlußakt eines langen Prozesses zu verstehen, sondern als Aufruf an den einzelnen, die neu erkannte Berufung zu ergreifen und einem entschiedeneren Leben in der Gemeinschaft des Glaubens zuzugehen. Der ekklesiale Aspekt kommt in der heute gültigen Absolutionsformel nicht in aller Deutlichkeit zur Sprache (Art. 46), da eine sakramentale Versöhnung mit der Kirche einen vorausgehenden Ausschluß aus der Gemeinschaft voraussetzt, dieser aber nur bei einer schweren Schuld vorliegt[24].

d) Buße

Um die Jahrtausendwende trat die Lossprechung vor die Bußleistung. Dies wurde möglich, weil man in dem geforderten sorgfältigen Bekennen aller Sünden eine so große Verdemütigung des Menschen sah, daß das Bekenntnis selber schon als Buße galt. Bekenntnis, Bußauflage und Absolution wurden nun zusammengelegt, wobei, genau wie heute, die Buße nachher zu erfüllen war. Damit kommt es zu einer wesentlichen Verschiebung im Verständnis der Buße: In der frühen Kirche steht die mit dem Bußsakrament auferlegte Buße noch unmittelbar in Zusammenhang mit der Gemeinde, denn sie selber ist von ihr betroffen; aber indem die Buße im Laufe der Zeit immer mehr zu einem Werk wird, das erst nach der Lossprechung abzuleisten ist, muß sich der einzelne den Konsequenzen seines Tuns nicht erst stellen; es bleibt bei einer mehr „symbolischen" Bußleistung.

Die Bußauflage kann kein bloß richterlicher Akt bleiben, sondern muß aus dem Mühen des einzelnen um eine aufrichtige Beurteilung seiner Situation vor Gott kommen: Die Bußtat muß genauso Umkehr zu Gott sein, wie die Sünde Abkehr von Gott war, und wie die heimlichste Sünde den ganzen Menschen betrifft, wird auch die Buße das ganze Leben berühren (sie kann sich darum nicht auf das Beten eines Vaterunsers oder eines Ave beschränken).

Noch ein anderer Aspekt der Bußauflage ist zu betonen: Eine Buße, die das Leben betrifft, wird „nicht nur eine Sühne für vergangene Sünden sein, sondern auch eine Hilfe zu einem neuen Leben und ein Heilmittel gegen seine Schwachheit"[25]. Das Bußwerk muß „*therapeutisch*" sein und dem Poenitenten so entsprechen, „daß er die Ordnung in jenem Bereich wiederherstellt, wo er sie gestört hat, und daß er für seine Krankheit die entsprechende Medizin erhält. So soll die Buße wirklich ein Heilmittel für die Sünde sein und zur Erneuerung des Lebens beitragen. So ,vergißt' der Poenitent, ,was hinter ihm liegt' (Phil 3, 13), er fügt sich wieder in die Heilsordnung ein und richtet sich auf die Zukunft aus."[26]

Der neue Ordo Paenitentiae legt den Schwerpunkt nicht auf die Vergangenheit und die Wiedergutmachung, sondern auf die Versöhnung als Ausgangspunkt eines neuen und vertieften Lebens mit Christus und seiner Kirche[27]. Damit ist die Genugtuung nicht mehr die formale Fortführung einer gemäßigten Tarifbuße, sondern die Möglichkeit, die durch die Sünde gestörte Ordnung dort wiederherzustellen, wo sie durch die konkrete Schuld gestört wurde.

Wie eine Sünde ihre Vorgeschichte hat, so eröffnet der Empfang der Buße ihre Nachgeschichte. Das bloße Bewußtmachen verdrängter Schuld und das Bekenntnis derselben reicht nicht aus, die sittliche Schuld bedarf der Läuterung, und jemand, der Schuld auf sich geladen hat, muß sie auch ausleiden können. Da bei der herkömmlichen Praxis die Beichte mit der Lossprechung abgeschlossen war, konnte der Buße nur ein geringfügiger Wert zukommen (wie er sich in einer Gebetsauflage von drei Vaterunser oder Ave Maria ausdrückt); das neue Rituale geht einen anderen Weg, es spricht nicht mehr von der aufgegebenen, sondern der vorgeschlagenen Buße. Der Hinweis auf die vorgeschlagene Buße meint: Der Beichtvater soll den Poenitenten fragen, ob die vorgeschlagene Buße auch wirklich seiner Situation entspricht und eine Hilfe darstellt, um den neuen Weg zu betreten. Dabei ist an eine Buße gedacht, die den ersten Schritt in die *neue Zukunft* sicherstellt; die Bußauflage muß von der Verheißung getragen sein, daß der einzelne seinen neuen Weg recht einschlagen und meistern wird. Der Schritt in die Zukunft, der mit jedem Bekenntnis der eigenen Schuld verbunden ist, konkretisiert sich in der Bußauflage nur dann, wenn diese diese konkret und fühlbar ist, sonst verliert die Bußhandlung ihren eigentlichen Dienstwert.

Die Lossprechung schließt somit die Beichte nicht vollends ab, sondern leitet zu einem ersten konkreten Schritt in das neue Leben an und ist so etwas wie das verbindende Glied zwischen dem Empfang des Sakramentes und dem neuen Leben. In der Übernahme der Buße zeigt sich die Bereitschaft des einzelnen wie auch die Verantwortung der Kirche für das Heil jedes Christen: Es ist seine Buße, aber auch die Buße der Kirche.

e) Vorsatz

Kein Sakrament ist so sehr der Gefahr von Resignation und Enttäuschung ausgeliefert wie das Bußsakrament. Oft wird eingewendet: Entweder die Beichte nützt nichts, dann braucht man nicht zu beichten, oder sie nützt, aber dann sollte es nicht geschehen, daß man immer dieselben Sünden zu sagen hat.

Hierauf ist einzuwenden: Der Glaubende beichtet nicht, um nie mehr beichten zu müssen, und er geht nicht zur Beichte, um sich von Gott frei zu machen; statt dessen weiß er, daß er ein Leben lang auf Gottes Vergebung angewiesen bleibt und deshalb erneut das Sakrament der Buße aufsuchen muß. Dieses Wissen impliziert keine Beliebigkeit im künftigen Verhalten, sondern kommt aus der einzig wahren und realistischen Haltung im Glauben, die in der Unterscheidung von „Umkehr" und „Wende" ihren Ausdruck findet.

Im Leben des Glaubens meint „*Umkehr*" etwas anderes als „*Wende*" und ist mit dieser nicht zu verwechseln: In jeder Beichte hat der einzelne zu Gott hin umzukehren; ob aber mit dieser Umkehr auch eine Wende verbunden ist (das endgültige Ablegen der bekannten Sünde), ist allein Gottes Sache, es ist Geschenk und Gnade. Auch der Vorsatz bleibt kein Rezept, um Fehler und Versuchungen zu überwinden, er ist immer *Gnade*; deshalb darf der Vorsatz, besser zu beten, nie fehlen[28].

Entscheidender als das Erfüllen des Vorsatzes wird die *Grundhaltung* sein, aus der der Vorsatz kommt. Karl Rahner schreibt hier fragend: „Wenn jener Mann, der

unter den Martyrern des Boxeraufstandes seliggespro-
chen wurde und der vom Opiumrauchen nicht loskam
und der immer sagte, meine einzige Chance ist das Martyrium, der aber sonst ein frommer Christ war, dem aber
sein Pfarrer – offenbar mit Recht – die Absolution jahre-
lang verweigerte, wenn dieser Mann sich nach dem Martyrium sehnte, eigentlich wußte und vor Gott zugab, wie
armselig er war und danach verlange, daß Gott ihn aus
seiner eigenen Gefangenschaft befreite – kann man da
nicht fragen, ob der Lebensgrund dieses Menschen in
Wirklichkeit nicht schon vor seinem Martyrium in Gottes Liebe war, mehr als vielleicht der des Pfarrers, der
ihm mit Recht die Absolution verweigerte?"[29]

Viele, die in ihrem Leben diese oder jene schwere
Sünde begangen haben und darüber noch gar nicht hin-
weggekommen sind, können in ihrer Gesamthaltung
Menschen der Liebe, der Selbstlosigkeit, der inneren
Neigung zu Gott geblieben sein – vielleicht mehr als
manche andere, die sich gleichsam ängstlich hüten, die
verrechenbare Bilanz ihres Lebens in Unordnung zu
bringen.

2. Und die vielen Wege

Das Zweite Vatikanische Konzil spricht die Vielfalt der
Dimensionen kirchlicher Versöhnung an, wenn es betont: Auf vielfältige Weise ist Christus in seiner Kirche
wirkend gegenwärtig, nämlich „in der Person dessen, der
den priesterlichen Dienst vollzieht ..., in den Sakramenten ..., in seinem Wort, da er selbst spricht, wenn die
heiligen Schriften in der Kirche gelesen werden ... (und)
schließlich, wenn die Kirche betet und singt, er, der ver-
sprochen hat: ‚Wo zwei oder drei versammelt sind in

meinem Namen, da bin ich mitten unter ihnen' (Mt 18, 20)"[30].

Der Ernst der Umkehr hängt nicht von der Form ab. Seit den Anfängen der Kirche findet sich die Auffassung, daß Sünden auf vielfältige Weise die Vergebung Gottes finden. Die Didaché (4, 6) und der Barnabas-Brief (19, 10) fordern auf, Almosen „als Lösepreis für die Sünden" zu geben. Bei Basilius heißt es: „Hast du geschmäht? So segne! Hast du betrogen? So erstatte: Hast du dich betrunken? So faste! Spielst du den Großen? So mach dich wieder klein!"[31] Nach Origenes kommt auch der apostolischen Arbeit die Wirkung zu, von Sünde zu befreien[32]. Weitere außersakramentale Formen sind Fasten, Almosen, Hören des Wortes Gottes und Gebet: Das Gebet gibt dem Leben die Richtung auf Gott, von dem alle Versöhnung kommt, das Fasten schenkt die Freiheit von allen Abhängigkeiten, und das Almosen öffnet die Augen und führt aus dem Kreisen um das eigene Ich heraus.

An dieser Stelle ist eigens auf die östlichen Kirchen hinzuweisen, denn sie haben die Vielfalt der Bußformen, auch mit Gemeinschaftsformen, bis heute ununterbrochen bewahrt. Die Kirchen des Ostens legen im Bußvollzug den Akzent weniger auf den richterlichen Akt als auf die Seelenführung[33]; ferner stellt die Absolutionsformel den Priester an die Seite des Sünders und erbittet mit ihm von Gott die Vergebung. Die Kirchen des Ostens sind der Auffassung, daß es nicht die Aufgabe der Kirche und des Priesters ist, über den Sünder zu urteilen, sie sollen vielmehr für ihn Fürsprache einlegen; und weil die Vergebung allein aus der vollen Freiheit Gottes kommt, wird auch keine Vollständigkeit des Bekenntnisses nach Zahl und Art im Sinne des Tridentinums gefordert[34]. Wenn das Zweite Vatikanische Konzil im Dekret über die Ostkirchen auch Christen der römisch-katholischen Kirche erlaubt, in getrennten Kirchen die Buße zu empfangen, läßt dies auf die Gültigkeit der ostkirchlichen Tradition schließen.

Von den vielfältigen Wegen der Sündenvergebung heißt es weiterhin auf dem Zweiten Vatikanischen Konzil: „Auf vielerlei Weise verwirklicht das Volk Gottes diese fortwährende Buße: Indem es durch sein Dulden teilhat am Leiden Christi, Werke der Barmherzigkeit und der Liebe übt und sich gemäß dem Evangelium Christi täglich mehr bekehrt, wird es in der Welt zum Zeichen der Hinkehr zu Gott. Das bringt die Kirche in ihrem Leben und in der Feier der Liturgie zum Ausdruck."[35]

Die „vielfältigen Weisen der Vergebung" beziehen sich auf das Hören des Wortes Gottes, die Schriftlesung, das Gebet, das „brüderliche Gespräch", geistliche und leibliche Werke der Liebe, Einübung in das Sterben mit Christus (Abtötung und Askese). Die außersakramentalen Bußformen bereiten nicht nur auf den Empfang des Bußsakramentes vor, sondern bewirken auch selbst Versöhnung[36]. Es bedarf der vielen nichtsakramentalen Formen und Weisen von Buße und Sündenvergebung, was seine Bedeutung auch für die *Andachtsbeichte* hat. Sie kann sich in einer doppelten Liturgie gestalten, nämlich in der bisher geübten privaten Weise wie auch im Rahmen der sakramentalen Bußfeier (zumal rein kirchenrechtlich nur jene zur Beichte innerhalb der österlichen Bußzeit verpflichtet sind, die sich im Zustand einer schweren Sünde wissen[37]).

Kurz: „Das Bußsakrament ist der genuine Ort der Versöhnung bei schwerer Schuld, aber nicht die spezifische Versöhnungsform auch bei läßlicher Schuld."[38] Die Hervorhebung, daß die Sakramente der Buße und Eucharistie nicht die einzigen Weisen sind, wie Gott dem

Menschen die Gnaden seiner Versöhnung gewährt, bedeutet keine Abschaffung der Andachtsbeichte: Sie ist schon aus dem einfachen Grunde nicht abzuschaffen, weil das einer Aufhebung des Beichtgeheimnisses gleichkäme[39]. Der Bußgottesdienst allein ist keine Lösung für die Probleme um das Bußsakrament heute, vielmehr bedarf es einer *größeren Differenzierung* christlicher und kirchlicher Buße: „Daher muß der Christ in Selbstverantwortung die Formen des Bußsakramentes und der außersakramentalen Versöhnung wählen, die in seiner jeweiligen Situation der angemessene oder auch notwendige Ausdruck seiner Metanoia sind."[40]Auf dem Weg zu einer größeren Differenzierung kommt der Eucharistie eine ganz besondere Bedeutung zu, zumal aus ihr jede Versöhnung in der Kirche hervorgeht.

a) Eucharistie

Jedem Christen verheißt der Herr die Vergebung der Sünden: „Ihr seid rein durch das Wort, das ich zu euch gesprochen habe" (Joh 15,3). Diese Verheißung findet ihren konkreten Ausdruck in den sieben Sakramenten, die alle die Kraft haben, Sünden zu vergeben. Dies gilt in besonderer Weise von der Feier der *Eucharistie,* die schon sehr früh ein allgemeines Sündenbekenntnis enthält, dessen Bitte um Vergebung die Befreiung von aller Schuld zusichert[41]. Das Sündenbekenntnis am Anfang der Eucharistie erweckt in der römisch-katholischen Kirche den Eindruck, als ob es dabei um eine Vorbereitung geht, die der eigentlichen Feier vorausgeht, ohne daß deutlich wird, daß die Frucht selber aus dem begangenen Gedächtnis erwächst. Wenn es neben der Eucharistie ein eigenes Sakrament der Versöhnung gibt, ist dies von der Eucharistie nicht losgelöst, sondern entfaltet sie.

Jede Verzeihung in der Kirche geht aus der Eucharistie hervor. Das bedeutet keine Minderung des Bußsakraments: Wie der verlorene Sohn die Versöhnung nicht verursacht (weil sie einzig vom Vater kommt) und dennoch durch sein Verhalten auf den Vater zugehen muß, lassen sich auch Eucharistie und sakramentale Beichte nicht addieren, denn das Bußsakrament macht nur einen strukturellen Zug der ersten christlichen Versöhnung in ihrem vollem Umfang sichtbar[42]: „Die Kommunion ist das, was er ist (Jesus Christus in seinem verklärten Erscheinen), die Beichte ist das, was er tut."[43]

In den Liturgien der Ostkirche wird besonders deutlich, daß die Eucharistie das Sakrament der Versöhnung ist. Weil die Teilnahme an der Eucharistie alle Sünden zudeckt, erstaunt es nicht, daß einige Anaphoren des christlichen Ostens einzelne Bußgebete enthalten, die durchaus einer Absolutionsbitte gleichkommen und sogar die Vergebung von schweren Sünden erbitten. Aber auch der Westen weiß darum. Thomas von Aquin erklärt hierzu: „In sich betrachtet, hat dieses Sakrament der Eucharistie die Macht, alle Sünden zu vergeben, und es hat sie von dem Leiden Christi, das Quelle und Grund der Vergebung der Sünden ist."[44] Die Teilnahme am Tisch des Herrn deckt alle Sünden zu, auch die schwersten[45]; dies geschieht jedoch nicht allein durch die bloße Teilnahme an der Eucharistie, es bedarf vielmehr des Glaubens und der bewußten Reue und Buße.

b) Verzeihen

Mit der Hervorhebung der sakramentalen Grundstruktur christlicher Versöhnung sind die außersakramentalen Formen der Versöhnung nicht abgeschwächt, denn jede Versöhnung im Sakrament geht einher mit der horizontalen, vorsakramentalen Dimension. Jesus hat für alle genuggetan, deshalb „ist Umkehr gleichzeitig Versöhnung mit Gott und mit den Brüdern; das letztere aber in einer logischen Nachordnung zum ersten: da die Mitmenschen meine Brüder durch und in Christus werden. Die logische Nachordnung kann zu einer zeitlichen Vorordnung werden, dort, wo die Brüder im Auftrag Christi die Ermahnung des Sünders übernehmen und ihn der Umkehr entgegenführen"[46].

Versöhnung mit Gott schließt das Miteinander und die Notleidenden mit ein. Es gibt hier Vorformen des Sakraments, beispielsweise Kritik, Aufmunterung, fürbittendes Gebet. Wenn Christus gegenwärtig ist, wo zwei oder drei in seinem Namen versammelt sind, dann betrifft dies auch die zwischenmenschliche Versöhnung, zumal jede zwischenmenschliche Vergebung Gott als letzten Grund hat, auch wenn er als solcher nicht erfahren wird (Mt 25, 31 ff; Mt 18, 21–35). Die göttliche Gabe versöhnten Lebens fordert die Bereitschaft, dem anderen zu vergeben, wie einem selber vergeben worden ist: „Geh hin und versöhne dich mit deinem Nächsten, dann komm und opfere deine Gabe" (Mt 5, 23). Auch auf dem Weg der Versöhnung sind Gottesliebe und Nächstenliebe eins: „Wenn jemand sagt: ich liebe Gott, aber seinen Bruder haßt, ist er ein Lügner; denn wer seinen Bruder, den er sieht, nicht liebt, kann Gott nicht lieben, den er nicht sieht" (1 Joh 4, 20).

Die Kunst des Verzeihens ist nicht leicht, sie fordert manches Geschick – und eine reiche Tugend. Paulus mahnt zwar: „Laßt die Sonne nicht über eurem Zorn untergehen" (Eph 4, 26), doch damit fordert er zu keinem vorschnellen Verzeihen auf, denn dieses führt zu keiner wirklichen Versöhnung, weil die notwendige innere Verarbeitung des Konfliktes nicht stattfindet. Was beim

Verzeihen Zeit braucht, ist weniger der Kopf – als das Herz. Verzeihen geschieht nicht allein mit dem Kopf: Oft sagt der Kopf ja, aber das Herz nein. Dann hat ein Verzeihen wenig Wert. Keiner kann im Verzeihen das Herz außer acht lassen: *das Herz also nicht übergehen!*

Verzeihen muß aufrichtig sein. Kalte Überlegenheit, demütigende Herablassung, getarnte Machtausübung und subtile Erpressung stellen jedes Verzeihen in Frage. Wer dem anderen aufrichtig vergeben will, darf *keine falschen Spiele* dabei anwenden, sondern er muß *ohne „Wenn"* und ohne Bedingungen verzeihen, nicht erst, wenn der andere sich „bessert" oder gar „ändert". Was den Akt des Verzeihens angeht, so kann dieser zuweilen das schwerste sein; hier wird es gut sein, zunächst nur *wortlos* zu verzeihen, wortlos zu sprechen: durch ein kleines Geschenk, eine Aufmerksamkeit, ein liebes Zeichen der Anerkennung. Bei schwierigen Beziehungsproblemen gehen der Versöhnung oft wortlose Vorverständigungen voraus und bahnen dem vergebenden Wort den Weg.

Was christliches Verzeihen sein kann, haben die Mönchsväter in eine kleine Geschichte gebracht, die Mahnung wie Ermutigung für jeden bedeutet: Man meldete einem Abt, ein Mönch hätte eine Frau in seiner Zelle. Der Abt zieht mit seinem Gesinde und Gefolge zur Zelle, und der Mönch hat noch gerade Zeit, die Frau in der Tonne zu verbergen. Der Abt überblickt die Lage, springt auf die Tonne und befiehlt seinem Gefolge, die Zelle zu durchsuchen. Man findet nichts. Der Abt rügt die Leute und schickt sie fort. Er nimmt die Hand des Mönches; er sagt: „Paß auf dich auf!" und geht seines Weges ...

Die außersakramentale Versöhnung äußert sich im christlichen Alltagsleben in den konkreten Formen, wie

Glaubende miteinander umgehen und sich Wege der Hoffnung erschließen. Dafür sei ein Beispiel angeführt, die *Buße des Sehens:* „Buße des Sehens ist es, wenn der Glaube den Kampf aufnimmt wider den verbitterten Pessimismus, der überall nur Ohnmacht, verschlossene Türen, zerschlagenes Porzellan, nicht gehaltene Versprechen sieht; wider den feierlichen Sarkasmus, der allenthalben nichts Gutes bemerkt und nur noch das große Unbehagen zelebriert; wider einen Zynismus, der nur noch töten will. Buße des Sehens hat da ihre Frucht getragen, wo der schärfste Blick für Realitäten sich mit der befreienden Hoffnung auf den unsichtbaren nahen Gott verbindet, den der Glaube in und hinter den Realitäten entdeckt – und wenn er das Unbehagliche mit jenem Humor hinnimmt, der das Vorletzte vom Letzten zu unterscheiden weiß."[47]

c) Solidarität

Eine weitere außersakramentale Weise christlicher Versöhnung findet sich im Gedanken der Solidarität. Keiner wird allein schuldig vor Gott und keiner empfängt für sich allein von Gott die Vergebung. In der „Gemeinschaft der Sünder" ist jeder für den anderen mitverantwortlich, wie Jak 5, 19 f betont: Wer von der Gemeinde einen völlig falschen Weg eingeschlagen hat, soll von der Gemeinde nicht fallengelassen werden. Hier besteht eine Verantwortung füreinander (Ps 51, 15; Ez 3, 18–21), besonders in der Fürbitte (1 Joh 5, 16). Der Gedanke der Gemeinschaft in der Erfahrung der Sünde schließt sogar ein, daß einer die Schuld des anderen übernimmt.

Wie weit diese Schuldübernahme gehen kann, verdeutlicht D. Bonhoeffer am Beispiel Gandhis, von dem es heißt: „Ein großer Mann unserer Zeit, ein Nichtchrist erzählt ..., wie er einst eine Schule geleitet und sich mit allen Kräften für einen jungen Mann dort eingesetzt habe, und wie eines Tages ein ihn aufs tiefste erschütterndes Unrecht in dieser Schulgemeinschaft geschehen sei. Da habe er aus diesem Vorfall nicht den Ruf der Strafe oder zum Richten vernommen, sondern allein den Ruf zur Buße – er sei hingegangen und habe mit Fasten und allerlei Entsagung lange Tage Buße getan. Was bedeutete das? Es bedeutete erstens, daß er in der Schuld seiner Schüler seine eigene Schuld, seinen Mangel an Liebe, an Geduld, an Wahrhaftigkeit erkannt hat. Es bedeutete sodann, daß er wußte, daß allein in dem Geist der demütigen Sündenerkenntnis dem Geist Gottes wieder Raum gegeben werde. Es bedeutete schließlich, daß hier gesehen wurde, daß es in der Buße allein Glaube, Liebe und Hoffnung gebe."[48]

Daß der Weg der Versöhnung nicht nur ein Geschehen zwischen dem einzelnen und Gott ist, zeigt sich besonders in der Heiligen Schrift. Für das Volk Israel, das sich im Alten Bund als der Bundespartner Gottes versteht, sind die Schicksale von einzelnen zugleich das Schicksal des Volkes. In seinen Königen und ihrer Sünde sieht Israel seine eigene Sünde, in ihrer Buße seine eigene Buße: Umkehr und Sündenfall haben hier auch eine eindeutig kollektive Bedeutung. Im Neuen Bund scheint dies anders zu sein, denn hier ruft Gott den einzelnen: Jeder bleibt nun unvertretbar, bis hin zum toten Lazarus (Joh 11), der als der Tote antworten muß, und kein Lebender kann für ihn antworten. Aber Personalisierung bedeutet keine Privatisierung: Etwas ist um so weniger privat, je personaler es ist. Darum gibt es auch für das Neue Testament und für die Kirche nichts Privates, vielmehr ist das Personale zugleich das Soziale[49].

Das bedeutet für den Vollzug des Bußsakraments, daß

die Privatbeichte genauso Liturgie ist wie die „Privatmesse" und das privat gebetete Stundengebet. Der eine Weg der Versöhnung konkretisiert sich in vielen Vollzügen: „Auf vielerlei Weise verwirklicht das Volk Gottes diese fortwährende Buße: Indem es durch sein Dulden teilhat am Leiden Christi, Werke der Barmherzigkeit und der Liebe übt und sich gemäß dem Evangelium Christi täglich mehr bekehrt, wird es in der Welt zum Zeichen der Hinkehr zu Gott."[50]

Die Vollmacht, die der Kirche mit dem Versöhnungsauftrag gegeben ist, fordert die Kirche selber heraus: Nur eine Kirche, die sich selber immer wieder bekehrt, kann die Welt bekehren. Gewiß ist der Weg der Kirche „kein bruchloser Aufstieg zu immer größerer Vollkommenheit, sondern ein Weg voller Rückschläge, Phasen des Stillstands und der Ratlosigkeit – in denen doch Auferstehung aus dem Tod und Umkehr zum Leben geschieht."[51] Aber in ihrem Scheitern wird die Kirche zum Zeugen dafür, daß Gott die Macht hat, selbst das Böse zum Guten zu wenden (Gen 50, 20), und daß denen, die Gott lieben, wirklich alles, auch ihre Nacht, auch ihr Absturz, auch ihre Sünde zum Heile gereichen kann. Die Gabe der Versöhnung bleibt nicht ohne die notwendigen Konsequenzen für das Leben der Kirche: Auch sie muß immer umkehren, denn „das verstiegene Ideal absoluter Sündlosigkeit" (B. Poschmann) hat es nie gegeben. An der Kirche muß abzulesen sein, daß Gott ein versöhnender ist, nur dann bleiben auch die vielen Weisen wirksamer Versöhnung mit der Kirche glaubwürdig.

Die katholische Kirche ist zwar ein Haus voll Glorie, doch nicht im Sinne eines „Rühmens im Fleische" (2 Kor 11, 18; 1 Kor 1, 29; Eph 2, 9), sondern eines „Rühmens im Kreuz Christi" (Gal 6, 14), denn „Gottes Gewalt vollendet sich in Schwäche" (2 Kor 12, 9), oder besser gesagt:

„Gottes Dynamis vollendet sich in Asthenie."[52] Die Schwachheit der Kirche ist überdeutlich. Schon Augustinus hat sie empfunden, wenn er sagt: „Die mir schon nahestanden, um zu glauben, wurden abgeschreckt durch das Leben der schlechten und der falschen Christen. Wie viele nämlich, meine Brüder, glaubt ihr, möchten gerne Christen sein, aber sie werden beleidigt von den üblen Sitten der Christen. O ja, man lobt die Kirche Gottes. Große Menschen, diese Christen, groß ist die Catholica, wie sich alle lieben, sich füreinander opfern: Es hört das einer, der nicht weiß, daß dabei die Schlechten verschwiegen werden, er kommt, angezogen durch das Lob, er wird abgestoßen von den falschen Christen. Und dann kommen die anderen und sagen: Wer sind denn diese Christen? Wie sind denn diese Christen? Geizkragen, Geschäftemacher sind sie. Sind es nicht die Christen, die das Theater und den Zirkus füllen, die gleichen, die an Festtagen die Kirche füllen?"[53]

Der Christ bleibt in der Kirche, nicht obwohl sie schwach ist, sondern weil sie schwach ist und weil ihrer Schwachheit die Verheißung Gottes gilt: „Darum, meine Brüder, laßt uns singen das Loblied auf den Tod der Kirche", ruft Cyrill von Alexandrien aus, „auf ihren Tod, der uns heimführt zu den Quellgründen des Lebens, das da heilig ist und in Jesus Christus. Wenn du das Wort ‚Kirche' hörst, dann wisse, daß man dir spricht von der heiligen Gemeinschaft der Glaubenden. Diese Kirche ist am Sterben: aber ihr Sterben führt uns ins andere Leben, aus der Schwächlichkeit in die Kraft, aus dem Verachtetsein in die Glorie, aus dem Zerfall in die Unvergänglichkeit, aus den Grenzen der Zeit in das göttlich-unveränderliche Leben."

Angesichts dieser Schwachheit der Kirche ist darauf hinzuweisen, daß die Liebe zur schwachen Kirche ihren

Grund im Hohenlied der Liebe findet: „Sie erträgt alles, glaubt alles, hofft alles, duldet alles" (1 Kor 13,7). Von der Schwäche der Kirche muß das gleiche verkündet und geglaubt werden wie von der „glückseligen Schuld", ohne die wir nicht die überreiche Gnade des Erlösers besitzen würden. Weil die Kirche selber schwach ist, muß ihre besondere Sorge den Schwachen in ihr gelten; hier ist die ganze Kirche aufgefordert, für ihre Sünder im Gebet vor Gott einzutreten (vgl. 1 Joh 5,16).

Der Gedanke der Kirche als Gemeinschaft der Sünder verdichtet sich im Glauben an die Gemeinschaft der Heiligen, in der jeder für jeden einen unersetzbaren Dienst leistet. Dieser Dienst erklärt sich zunächst daher, daß Gott selbst nicht am Menschen vorbei handelt, in Seinem Wirken bleibt jeder entscheidend, unaustauschbar. Dies heißt: Gott bezieht den Menschen mit seiner geschöpflichen Freiheit in sein göttliches Handeln ein, er handelt nicht ohne das Geschöpf[54]. Dieses Grundgesetz des Glaubens findet sich auf vielfältige Weise in der Heilsgeschichte wieder, beispielsweise im Leben der Gottesmutter. Ohne ihre Einwilligung und ihr Mitwirken wäre Gottes Heilsplan ebensowenig durchführbar gewesen wie ohne die Wirkung der drei göttlichen Personen[55]: Die Menschwerdung ist nicht allein das Werk des Vaters und seines Geistes, sondern auch des Glaubens der Jungfrau Maria[56]. Hier wird deutlich, daß der einzelne in Gottes Heilsplan nicht austauschbar ist, er bekommt für alle eine heilsuniversale Bedeutung.

Aus der unersetzbaren Bedeutung des einzelnen erklärt sich, daß die neuplatonische Schematik des Aufstiegs zu Gott in ihrer (heils-)individualistischen Sichtweise kaum an den urchristlichen Gedanken der „Gemeinschaft der Heiligen" herankommt[57]: Gott schenkt sein Heil auf die Gemeinschaft der Glaubenden hin. Deshalb können und müssen die Schwestern und Brüder im Glauben einander helfen, das Vollmaß Christi und seiner Liebe zu gewinnen: hier lebt keiner allein, jedes Leben in Christo bleibt für alle gültig vor Gott[58]. Keiner findet sein Heil allein, und keiner wird das Heil allein für sich erstreben.

Diesen Dienst des einen am Glauben des anderen beschreibt Reinhold Schneider, indem er Ignatius von Loyola das Wort in den Mund legt: „... wenn ich die Wahl hätte, heute in die Seligkeit zu gehen – die ich ja nicht verdiene – oder durch viele dunkle Jahre auszuharren in meinem Dienst, so würde ich Gott bitten, mich auf der Erde zu lassen; denn ich glaube, daß dieser Dienst in einem noch so geringen Grade zum Ruhme Gottes geschieht"[59].

Die Hoffnung des Christen bezieht sich auf das Heil aller Menschen, „und nur in dem Maße, als ich zu diesen gehöre, bezieht sie sich auch auf mich"[60]. Je mehr ein Glaubender in Gottes Heilsplan hineingenommen wird[61], desto größer wird sein Dienst sein. Dies zeigt ein Blick in die Heilsgeschichte: Aufgrund des ihnen eigenen Dienstes sind die Personen, die mit der Heilsgeschichte Gottes verbunden sind, nicht „zufällig". Jedes Heilshandeln Gottes bleibt vielmehr unlösbar mit der Erwählung bestimmter Menschen verbunden: Adam, Abraham, Noah, Mose, David, Propheten, Christus und Eva, Sara, Israel, Tochter Zion, Arme und Demütige, Maria – sie alle bezeugen, daß Gott in seinem Tun einzelne beruft, um durch sie und in ihnen den Menschen sein Heil zu erschließen.

Dies gilt im gleichen Maß für die Kirche, die auf das Fundament der Apostel gegründet ist, wie auch für die Orden, deren Gründung aufs engste eins ist mit dem Leben und Wirken ihrer Gründer: Benedikt von Nursia, Dominikus, Franziskus, Ignatius von Loyola u. a. m. Die Solidarität im Empfangen des Heils kommt auf besondere Weise in der Marienverehrung zum Ausdruck: Marias Heiligkeit ist ganz im Dienst an ihren Brüdern und Schwestern im Glauben, deshalb preist die Kirche Maria als *die* Heilige (die panhagia: die All- oder Ganzheilige), der die „hyperdoulia" gebührt.

In der Gemeinschaft des Heils und im Gedanken der Solidarität auf dem Weg des Glaubens liegt der Ursprungsort für die Heiligenverehrung. Die pilgernde Kirche weiß sich eins mit der himmlischen, wie auch der Dienst aneinander und füreinander im Glauben mit dem Tod nicht aufhört. Auch wenn das Neue Testament diesen Gedanken nicht eigens weiter bedenkt und entfaltet, glaubt die Kirche, daß sich die Gemeinschaft der Heiligen im Jenseits fortsetzt. Das hier angesprochene Grundgesetz des Glaubens behält seine besondere Bedeutung am Ende der Zeiten: Der Glaubende, der vor Christus seinen Richter tritt, wird dem ganzen Leib des Herrn und allen Gliedern dieses Lebens begegnen, denn Gott richtet nicht allein, sondern mit ihm auch Maria und alle „Heiligen": Ihre Fürsprache wird im Gericht Gottes ein inneres Gewicht sein, das die Waagschale zum Sinken bringen kann.[62] Da die Heiligen in ihrer Liebe vollendet und vollkommen sind (Thomas von Aquin), erfüllen sie im Himmel den Dienst ihrer Liebe dadurch, daß sie für die anderen beten (Origenes[63]): Die Heiligen beten bei Gott in Erfüllung ihrer Nächstenliebe![64] Der fürbittende Dienst, den die Heiligen ausüben, nimmt teil am missionarischen Auftrag und Ziel der Kirche[65], darin ist er auf das Heil und die Heiligung aller ausgerichtet, auf daß alle „Anteil haben am Los der Heiligen, die im Licht sind" (Kol 1, 12).

Über die Solidarität im Glauben, die über die Zeiten hinweg besteht und die die irdische Kirche mit der himmlischen vereint, heißt es bei Origenes in seiner siebten Homilie über Leviticus: „Mein Heiland trauert auch jetzt über meine Sünden. Mein Heiland kann sich nicht freuen, solange ich in Verkehrtheit lebe. Warum kann er das nicht? Weil ‚er selber Fürsprecher für unsere Sünden beim Vater ist' ... Noch haben nämlich auch die Apostel selbst ihre Freude nicht erhalten, sondern auch die Apostel warten, daß ich ihrer Freude teilhaft werde. Denn auch die von hinnen scheidenden Heiligen erhalten nicht sogleich den vollen Lohn ihrer Verdienste, sondern sie warten auf uns, auch wenn wir verzögern, auch wenn wir träge bleiben. Nicht nämlich haben sie volle Freude, solange sie wegen unserer Irrungen unsere Sünden betrauern und beklagen ... Du siehst also wohl, daß Abraham noch wartet, die Vollendung zu erlangen? Es warten auch Isaak und Jakob, und alle Propheten warten auf uns, um mit uns zusammen die vollendete Glückseligkeit zu erreichen ... Du wirst also (zwar) Freude haben, wenn du als Heiliger aus diesem Lande scheidest: dann aber erst wird deine Freude voll sein, wenn dir kein Glied mehr fehlt. Warten wirst nämlich auch du, wie du selbst erwartet wirst."[66]

Aufgrund der Solidarität des Heils in der Gemeinschaft des Glaubens kann einer aus den Gütern und Vollkommenheiten des anderen nehmen und sie sogar für sich in Anspruch nehmen: „Das ist die Gemeinschaft der Heiligen, deren wir uns rühmen ... Ist es nicht gut für uns, hier zu weilen, wo alle Glieder mitleiden, wenn ein Glied leidet, und wenn eines verherrlicht wird, alle sich mitfreuen? Wenn ich also leide, dann leide ich nicht allein, in mir leidet Christus und leiden alle Christen; wie der Herr sagt: ‚ Wer euch anrührt, der rührt an meinem Augapfel.' Meine Last tragen somit andere, ihre Kraft ist die meine. Der Glaube der Kirche kommt meinem Bangen zu Hilfe, die Keuschheit anderer erträgt das Versuchtwerden meiner Lüsternheit, anderer Fasten wird mir zum Gewinn, eines andern Gebet bemüht sich um mich. Und so kann ich mich wahrhaft in den Gütern anderer rühmen wie in meinen eigenen; und meine eigenen sind sie in Wahrheit, wenn ich mich an ihnen ergötze und mitfreue. Mag ich denn schmählich und schmutzig sein: jene, die ich liebe, denen ich Beifall spende, sind schön und anmutig. Mit dieser Liebe mache ich mir nicht nur ihre Güter, sondern sie selbst zu eigen, und so kommt kraft ihres Ruhmes meine Unrühmlichkeit zu Ehren, kraft ihres Überflusses wird meine Notdurft ergänzt, kraft ihrer Verdienste werden meine Sünden geheilt ... Wer aber nicht glaubt, daß solches geschieht und sich ereignet, der ist ein Ungläubiger, der hat Christus und die Kirche verleugnet."[67]

Der Dienst für- und aneinander im Glauben konkretisiert sich im Gebet: Wie Jesus für alle anderen bittet (Mk 10,35–45; Lk 13,6–9; 23,34; Joh 14,14f; 15,16; 16,23f. 26f) und der Apostel für seine Gemeinde betet (Röm 1,9f; Phil 1,3–5), tritt jeder Glaubende im Gebet vor Gott für die anderen ein: „Niemand wird allein gerettet: Wer gerettet wird, wird gerettet in der Kirche, als ihr Glied in Einheit mit den anderen Gliedern. Glaubt jemand? – Er ist in der Gemeinschaft des Glaubens. Liebt jemand? – Er ist in der Gemeinschaft der Liebe. Betet jemand? – Er ist in der Gemeinschaft des Gebets ... Bist du ein Glied der Kirche, so ist dein Gebet notwendig für alle ihre Glieder ... Das Blut aber der Kirche ist das Gebet füreinander."[68]

Um diesen Dienst im Gebet hat die kirchliche Tradition immer gewußt, wie zahlreiche Zeugnisse belegen, besonders auch in der christlichen Literatur. Bei Gertrud von Le Fort im „Kranz der Engel" sagt Veronika: „Zwar hatte ich anfangs immer noch versucht, für eine innere Wandlung Enzios zu beten, wie ich es seit langer Zeit gewohnt gewesen, allein es war mir dabei niemals eine Hoffnung auf Erhörung überkommen. Sondern es war geradezu gewesen, als schüttle der Engel des Gebetes liebreich, aber streng das Haupt und spräche: Bitte nicht mehr, sondern schenke, wie du es doch selber vorgehabt hast! Und dann war eben jene Wendung eingetreten. Ich hatte meine Bitte fallengelassen und mich auf die Wandlung meines eigenen religiösen Besitzes in den des Freundes gesammelt. Er besaß den Glauben nicht, aber mein Glauben konnte ihm vor Gott mitgehören. Das Christusbild, das meiner Seele eingeprägt war, es würde auch seiner Seele eingeprägt werden – aber in der meinen. Mit diesem Gedanken begleitete ich die ganze Messe ... Und nun erschien der Raum der schönen Kirche nicht mehr leer, sondern erfüllt von dem, den ich hier so schmerzlich vermißt hatte: ich kniete an seiner Statt, ich feierte an seiner Statt die Messe und die Kommunion, er war gegenwärtig, wenn ich gegenwärtig war, er besaß alles, was ich besaß, denn alles, was mein war, war auch sein – mit dieser beseligenden Gewißheit verließ ich jedesmal die Kirche." [69]

Die apostolische Hinwendung zur Welt als Werk der Solidarität im Glauben gehört wesentlich zum Verständnis der christlichen Versöhnung dazu. Die Glaubensgeschichte ist hierzu ein beredtes Zeugnis: Wie Mose vom Berg aus betend die Schlacht des Gottesvolkes mitschlägt, verstehen Antonius und die frühen Mönchsväter ihre Kämpfe mit dem Bösen als ein stellvertretendes Werk. Auch Augustinus, der vom christlichen Kampf des einzelnen sagt, daß die Grenzen der beiden Civitates durch das Herz des einzelnen hindurchgehen, betont die soteriologische Bedeutung dieses Kampfes für die anderen[70].

Gleicherweise deutet die Kleine Therese ihr Leben im Kloster als ein Werk, das sie dem Einsatz für die kirchliche Missionsarbeit zuordnet. Stellvertretend für seine Gemeinde betet der Pfarrer von Ars in der Nacht und widersteht dem Bösen, und Charles de Foucauld verharrt in der Wüste täglich im Gebet vor dem Tabernakel und weiß, der Welt nicht tiefer und umfassender helfen zu können als auf diese Weise. Johannes Tauler sagt von denen, die den Weg des Glaubens gehen: Sie „begeben sich alle Tage in jenen göttlichen Abgrund und ziehen alle die Ihren mit sich, die ihnen besonders anbefohlen sind; diese dürfen nicht glauben, sie seien von jenen vergessen, gewiß nicht, sie treten alle mit ihnen ein, in einem Augenblick, ohne bildhafte Vorstellungen und im Namen der gesamten Christenheit"[71].

Wie Christus für den Sünder Fürbitte leistet und für seinen Jünger betet: „Ich habe für dich gebetet, daß dein Glaube nicht schwindet. Und wenn du dich bekehrt hast, dann stärke deine Brüder" (Lk 22,32), weiß sich die Kirche bei der Spendung des Bußsakraments verantwortlich für jeden Büßer: Wenn ein Glied leidet, „leiden alle Glieder mit" (1 Kor 12,26). Deshalb konnten in der frühen Kirche Bekenner, Bischöfe, Priester Fürsprache für die Poenitenten einlegen, auf daß die Bußzeit abgekürzt werde. Nicht anders im Frühmittelalter: Priester und Poenitent sprechen gemeinsam vor dem Altar kniend lange Gebete, und der Priester mußte fasten, bevor er das Sakrament spendete.

Von all dem ist heute nur wenig übriggeblieben, meist nur ein kurzer und bescheidener Vergebungswunsch, an den Poenitenten gerichtet ... Aber im Bekenntnis vor dem Amtsträger wie auch vor dem geistlichen Vater bleibt es bei keinem bloßen Gegenüber, es handelt sich vielmehr um einen Dienst, der beide auf je verschiedene, aber doch sie gemeinsam betreffende Weise angeht. Wie die frühe Kirche das Bekenntnis forderte, um ein entsprechendes Werk der Buße aufzuerlegen, und wie im Mittelalter das gleiche gefordert wurde, um richterlich lossprechen zu können, so ließe sich das Bekenntnis des einzelnen allein schon durch den Hinweis auf die geistliche Führung begründen, die im Gespräch zwischen Priester und Poenitent gegeben ist und den Sünder wieder auf den Weg zu Gott führt. Deshalb soll es abschließend um die Frage nach der Praxis der Versöhnung gehen, vor allem auch im Rahmen einer geistlichen Begleitung.

Fünftes Kapitel

Hilfen zur Praxis

Die vorausgegangenen Überlegungen zeigten, daß der
Weg der Umkehr und Versöhnung nicht allein aus der
Erfahrung der schuldhaften Vergangenheit erwächst,
sondern für ein Leben in der Zukunft eröffnen möchte.
Auf dem Weg der Versöhnung lernt der Mensch, zu
„vergessen", was hinter ihm liegt, und sich auszustrek-
ken nach dem, was an Gottes Verheißung vor ihm liegt.
Wie ein solcher Weg im Alltag des Glaubenslebens aus-
sieht, soll nun im einzelnen bedacht werden, und zwar
anhand von einigen Modellen und praktischen Hinweisen. Zunächst stehen die alltäglichen Vollzüge der Umkehr im Vordergrund, dann die besonderen Vollzüge im
Rahmen der geistlichen Begleitung und des Gebets.

1. In der persönlichen Erfahrung

Karl Rahner widmet sich in einer Studie [1] eingehend dem
Prozeß des Glaubensweges und kommt dabei zu recht
herausfordernden Anfragen an die Glaubenspraxis.
Seine wichtigste Beobachtung führt zu der Feststellung:
Wenn religiöse Übungen und Vollzüge in engem Zusammenhang stehen mit den einzelnen Lebensphasen, bleibt
zu fragen, ob sie sich im Leben durchgängig praktizieren
lassen: „Bestimmte religiöse Vollzüge haben in einer bestimmten Lebensphase ihren eigentlichen und richtigen
Platz und in einer anderen nicht. Nicht alles Religiöse ist

in jeder Lebensphase fällig, nicht alles kann in jeder Phase echt und ursprünglich vollzogen werden." „Es ist natürlich nicht so, daß gewisse religiöse Phänomene in einer bestimmten religiösen Phase einfach schlechthin nicht vorhanden wären, schlechthin nicht vorhanden sein bräuchten. So ist das Gesagte nicht gemeint. Es gibt ja nicht nur das Phänomen (gerade im Geistigen und damit Recht), daß das Tempo der ausreifenden Vollendung nicht einfach mit dem Tempo und Rhythmus der physikalischen und biologischen Zeit sich deckt. Es ist auch so, daß im Menschen, seinem Geist und Herzen, immer alles zugleich da ist, und darum auch vermittelt und in ihm gepflegt werden kann (und bis zu einem gewissen Grad sogar muß). Aber es ist nicht immer alles in gleicher Weise, in gleicher Ausdrücklichkeit, Fülle und Intensität des aktuellen Vollzugs da. Irgendwie zum Beispiel erlebt jeder Mensch die Bedrohtheit und Hinfälligkeit des Daseins, seine Ungeborgenheit. Aber die Annahme eines solchen Existentials des menschlichen Daseins, sein (fügen wir hinzu: sachgerechtes) Bestehen geschieht doch auf jeder Lebensstufe anders, verschieden dringlich, verschieden ausdrücklich, in einem verschiedenen Stil, so daß doch innerhalb des ewig gleichen Menschlichen ganz inkommensurable Vollzüge des Daseins auf den verschiedenen Stufen des Lebens entstehen."

Diese Beobachtungen führen zu der Feststellung, daß in der herkömmlichen Glaubensvermittlung und Glaubenspraxis das Alter des Menschen meist kaum eine Rolle spielt. „Dort, wo die Kinder im engeren Sinn aufhören, Kinder zu sein, fängt für das große Ganze der kirchlichen Menschenführung der Mensch und Christ an, immer als derselbe betrachtet zu werden." Wohl gibt es am Anfang des Glaubensweges eine hinführende (Be-

gleitung) und eine stufenweise Integration und Ausübung der einzelnen Glaubensvollzüge, ist aber die Zeit
der Taufe oder Erstkommunion (und Firmung) erreicht,
scheint es nicht anders möglich zu sein, als daß der
Christ „alles" praktiziert, ohne Differenzierung und
ohne weiteres Eingehen auf seine Bedürfnisse.

Dies soll keinem Subjektivismus das Wort reden,
wohl aber darauf hinweisen, daß der Glaubensvollzug
nur insoweit glaubwürdig bleibt, als er vom Lebensvoll-
zug her erreichbar ist; sonst kommt es zu Ritualismus
und äußerem Formalismus. Rahner fragt: „Wäre es nicht
denkbar, daß man vielleicht, ohne es zu merken, dem
Mann in der Vollkraft seines der Welt und der diesseiti-
gen Aufgabe zugewandten Lebens religiöse Forderungen
zumutet, die in dieser Periode einer vielleicht berechtig-
ten relativen Latenzzeit des Religiösen eine *Überforderung* bedeuten und darum dem Mann (weil er sich
schuldig fühlt) auch in seinem späteren Alter den Zu-
gang zum nun unbefangen geübten Religiösen verschüt-
ten?" All diese Fragen können in die nach der Gottesbe-
ziehung in den einzelnen Lebensaltern ausmünden.
„Erinnern die Weltreligionen nicht daran, daß es verschiedene Altersstufen im religiösen Vollzug gibt? Gibt
es nicht Reifephasen, die eher monotheistisch oder besonders trinitarisch sind? Wiederholt sich im Leben des
Menschen nicht der Alte Bund? Gibt es nicht im Leben
jedes Menschen eine ethische Phase, in der sich der sakramentale Vollzug zurückbildet – auf eine Ewigkeit
hin, die ja auch ohne Sakramente sein wird?" Von hier
aus läßt sich überlegen, ob es für die einzelnen Lebensal-
ter nicht auch spezifische Weisen der Umkehr und Buße
gibt; dabei müßten gerade die „vielen Wege" der Versöhnung zur Sprache kommen.

2. In der liebenden Aufmerksamkeit

Der Weg der Versöhnung beschränkt sich nicht auf einige einzelne Vollzüge, sondern will tagtäglich einge- übt und verwirklicht werden. So stellt sich die Frage, wie der Christ im Alltag ein Mensch bleibt, der umkehrt. Zwei Übungen seien vorgeschlagen, nämlich der Um- gang mit den „Gedanken" und das Gebet der liebenden Aufmerksamkeit.

a) Der Umgang mit den Gedanken

Die frühkirchliche Form der geistlichen Begleitung gibt wichtige Hilfen für eine Erneuerung der Bußpraxis. Wenn die frühmonastische Praxis der Gewissenseröff- nung von „Sünden", „Bekenntnis" und „Buße" spricht, ist damit nicht die sakramentale Amtshandlung ge- meint, in der die Absolution im Vordergrund steht, es geht zunächst vielmehr um die *„Eröffnung* (Exagoreusis) der Gedanken" und Versuchbarkeiten im eigenen Leben, für die ein Zuspruch erbeten wird[2].

Wie schon ausgeführt, genügt der Katalog der Zehn Gebote allein nicht, um die Fehlhaltungen von Sünde und Schuld vor Gott zu bekennen, es sind in gleicher Weise die Grundhaltungen zu bedenken, die Wurzeln, aus denen die Sünde erwächst. Schon früh hat die Kirche über diese Wurzelsünden nachgedacht, vor allem im Ka- talog der *acht Laster.* Hier wird versucht, acht Grundhal- tungen anzugeben, aus denen die meisten Ungeordnet- heiten und konkreten Sünden des Menschen entstehen:

Völlerei Unzucht Habgier	} Begehrlicher Teil (epithymia)	3 GRUNDTRIEBE: Ziel: ordnen, nicht ausschalten!
Traurigkeit Zorn Akedia	} Emotionaler Teil (thymos)	3 STIMMUNGEN: bei Nichterfüllung oderVerdrängung der 3 Triebe
Ruhmsucht Stolz	} Geistiger Teil (nous)	

Bei den acht (bzw. in der westlichen Tradition: sieben) Lastern handelt es sich um Grundhaltungen, die zu einem Fehlverhalten und schließlich zu konkreten Sünden führen können. Die einzelnen Laster sind mit ihnen eigentümlichen Erfahrungen und „Gedanken" verbunden; sie sollen nur kurz dargestellt werden. Zunächst geht es um die drei Schritte der Analyse des jeweiligen Lasters (vgl. „Gedanken", „Ursachen", „Taktiken"), woraus dann als vierter Schritt das konkrete „Vorgehen" gegen das entsprechende Laster folgt:

1. Völlerei

a) Gedanken: „Das Essen reicht nicht aus. Das Fasten nützt dir nichts. Das Fasten schadet deiner Gesundheit."

b) Ursachen: Angst, unnötige Sorge, Fixierung auf Krankheit/Gesundheit.

c) Taktiken: Rationalisieren (versteckt hinter der Vernunft); Verbitterung; Verschleierung (Anstacheln zum übermäßigen Essen bleibt aus).

d) Vorgehen: äußeres Maß und Meiden von Sättigung.

2. *Unzucht*

a) Gedanken: „Es ist dein Recht, die Sexualität zu befriedigen. Es hat keinen Zweck mehr, gegen den Trieb anzukämpfen. Du wirst nie mit deiner Sexualität zurechtkommen."

b) Ursachen: Situation, Phantasie, Wortwahl.

c) Taktiken: Sexuelle Vorstellungen; nicht eingestandene Wünsche; Fixierung; Übertreibung der Macht von Sexualität; Selbstvorwürfe (z. B. wegen Jugendsünden); Mutlosigkeit; zeitliche und körperliche Schwachpunkte (nachts, Mittagsdämon); Plötzlichkeit („wie aus heiterem Himmel") und Heftigkeit oder mit langem Arm vorbereitet.

d) Vorgehen: Rekonstruktion und Entlarven; Suche nach der stärkeren Motivation; Überwindung im Glauben (nicht Analyse): „Ich bin eine Neuschöpfung" (vgl. 2 Kor 5, 17).

3. *Habsucht*

a) Gedanken: „Du hast selbst nicht genug. Du mußt mehr arbeiten und Geld verdienen. Sichere deine Zukunft."

b) Ursachen: Angst, Kleinmut, fehlender innerer Schwung, Süchtigkeit, infantile Bedürfnisse, „in Schach gehalten".

c) Taktiken: Rationalisieren; Gewissensbisse (bzgl. Almosen); hohes Alter; Suggestionen (Hungersnot, Krankheit); unstillbare Gier; indirektes Manövrieren.

d) Vorgehen: Agere contra; das Gegenteil tun; Freigebigkeit.

4. Traurigkeit

a) Gedanken: „Ich kann nicht mehr. Das schaffe ich nie. Ich habe es so schwer. Bei mir geht alles schief. Ich bin ein Versager. Keiner kümmert sich um mich. Niemand mag mich."

b) Ursachen: Übertriebene Angst; frustrierte Wünsche; Zorn; Anhänglichkeit an die Welt; Hängen an der Vergangenheit; Herzensenge.

c) Taktiken: Selbstmitleid; zu hohe Erwartungen an sich selber oder an die Umwelt; Illusionen; Verlassenheitsgefühle.

d) Vorgehen: (siehe bei Akedia).

5. Zorn

a) Gedanken: „Diese komischen Mitmenschen! Die anderen leben völlig verkehrt (Streit, Kritik). Die anderen geben sich ja keine Mühe!"

b) Ursachen: Verdunkelter Geist; Traurigkeit kommt aus Zorn – und umgekehrt.

c) Taktiken: Verbitterung während des Gebetes; Verwirrung in der Nacht; Ressentiment; Rachegefühle; Groll; Traurigkeit; Aggressivität; Griesgrämigkeit; Verärgerung.

d) Vorgehen: Versöhnungsbereitschaft („Die Sonne soll nicht untergehen über eurem Zorn!"), Barmherzigkeit und Milde, Meiden von Einsamkeit, positive Funktion des Thymos aktivieren.

6. Akedia

a) Gedanken: „Da lohnt sich kein Engagement. Das bringt nichts. Ich habe keine Lust dazu. Wie konnte ich mich darauf einlassen. Es ist alles sinnlos. Mein Leben ist verpfuscht."

b) Ursachen: Unzufriedenheit mit der Arbeit, Suche nach Interessantem, Selbstmitleid, Neid und Groll, Minderwertigkeitsgefühle, Lebensmitte, Mittagsdämon.

c) Taktiken: Verborgener Gegner; innerliches Schimpfen; Schlaf; Jammern; Mattigkeit und Lustlosigkeit; verdrängte Triebe (unter Maske der Tugenden); Selbstmitleid; Verlassenheitsgefühl.

d) Vorgehen: Tränen, Abwarten (zuschauen und rekonstruieren), in der „Zelle" bleiben, Musik (Psalmengesang), Poesie und Kunst, geistliche Lesung (antirrhetische Methode), geregelter Alltag, Schauen auf andere Notleidende (z. B. Ps 77, 3 f).

7. Ruhmsucht

a) Gedanken: „Du bist berühmt. Alle bewundern dich. Alle lieben dich. Du müßtest den anderen predigen, das würde Eindruck machen."

b) Ursachen: Selbstüberschätzung, Angst, Versuchung des Tugendhaften.

c) Taktiken: Andere belehren wollen; Imponiergehabe; Selbstüberschätzung; Genuß der eigenen Worte; falsches Eifertum; apostolische Bemäntelung; „Inflation"; Distanzierung von den Mitmenschen: Erhabenheitsgefühle und wandelndes „schlechtes Gewissen" vor den anderen.

d) Vorgehen: Blick auf das „letzte Gericht", Liebe zu Gott, Askese, Demut, das Einhalten der Regel.

8. Stolz

a) Gedanken: „Die müssen froh sein, daß es mich gibt. Denen bin ich überlegen. Das kann ich besser. Mit denen gebe ich mich nicht mehr ab."

b) Ursachen: Selbstüberhebung (ohne Gott); „Inflation" (man bläht sich mit Inhalten des Unbewußten auf und verliert Sinn für Realität); Bekehrungseifer (man stöbert im Dunkel der anderen); Vernebelung.

c) Taktiken: Verurteilen der anderen und ihr Abqualifizieren.

d) Vorgehen: Besuch der Mitmenschen; Erinnerung an die Fehler und Sünden des früheren Lebens; gesunde und gute Distanz zu sich selber (Humor), Liebe und Demut; Regeltreue.

Die in den einzelnen Lastern deutlich werdenden Erfahrungen müssen in der Exagoreusis vor dem geistlichen Vater ins Wort gebracht werden. Entscheidend hierbei ist, daß die Grundhaltungen, die das Alltagsleben des einzelnen bestimmen, auch wirklich genannt und im Gespräch (mit dem geistlichen Begleiter) einzeln bedacht werden. Für dieses geistliche Gespräch wie auch für den konkreten Umgang mit den „Gedanken" bildet das Achtlasterschema eine praktische (Gedächtnis-)Hilfe, ohne daß die einzelnen Erfahrungen unbedingt genauso ablaufen müssen, wie sie in dem vorgelegten Schema dargestellt sind. Der Prozeß, in dem die acht Laster stehen, läßt sich auf drei Zeitebenen betrachten:

a) Zunächst ist es ein *Lebensprozeß*, der hier angesprochen wird. Nach den frühen Lebensjahren, die eher den vitalen Bedürfnissen zugeordnet sind („Völlerei" und „Unzucht"), baut sich der Mensch eine Existenz auf, indem er sich in reichem Maße all das zulegt, „was man zum Leben halt braucht" („Habsucht"). Mißerfolge seines Lebens wird er mit „Traurigkeit" und „Zorn" beantworten. Kommt er auf die Höhe des Lebens, fragt er sich, wie es weitergehen soll; die Angst vor dem Abstieg kann ihn zur Zeit der Lebensmitte lähmen („Akedia"). Je mehr sich die Erfolge mehren, drängt es ihn zu „Ruhmsucht" und „Stolz", zwei Grundhaltungen, die mancher bis an sein Lebensende behält.

b) Das Lasterschema kann auch eine *bestimmte Zeitspanne* von einigen Jahren umfassen. Wer beispielsweise in ein Noviziat eintritt, spürt zunächst den vitalen Verlust, der mit dieser Lebensform gegeben ist. Hat er sich einmal etabliert, drängt es ihn, sich all das anzuschaffen, worauf er eigentlich „um der Armut willen" verzichten wollte. Die Erfahrungen in der Gemeinschaft werden ihn zu Traurigkeit und Zorn anregen, und die Erfahrung der eigenen Mittelmäßigkeit schlägt sich nieder als Akedia, die den einzelnen dazu veranlaßt, alles auf ein gesundes Mittelmaß zu reduzieren: er nimmt Abstand von seinen ersten Idealen, an die er bisher nicht herangereicht ist. Hat er die ersten Hürden genommen, wird er sich seiner Erfolge rühmen und auch auf das stolz sein, was er bisher erreicht hat.

c) Der im Achtlasterschema dargestellte Prozeß kann sich gleichfalls im Zeitraum von nur *wenigen Tagen* abspielen. Wer in Exerzitien geht, wird zunächst darauf schauen, ob die vitalen Bedürfnisse im Exerzitienhaus befriedigt sind: warmes Wasser, kein zu weiches Bett, kein Straßenlärm, ausgewähltes Essen ... Sodann kann er sich all das besorgen, was er braucht, um die Tage der Abgeschiedenheit gut zu überleben (er geht beispielsweise in die Klosterbuchhandlung und kauft sich, was er in den Tagen einmal lesen kann). Verläuft der erste Exerzitientag vielleicht im Frieden, wird den Exerzitanden am zweiten Tag schon all das aufregen, was stört: das Schlagen der Türen, die Unpünktlichkeit der Mitmenschen u. a. m., was die Gefühle von Traurigkeit oder Zorn wecken kann. Sind die ersten Tage gut verlaufen, wird der Exerzitand zunehmend spüren, daß die Stunden immer länger werden: er wird die Gebetszeiten kürzen und lieber mehr spazierengehen (Akedia). Am Ende der Tage rühmt er sich angesichts der guten Gespräche und Gedanken, die ihm während der Exerzitien gekommen sind, oder er überlegt voller Stolz, wie er seine Erfahrungen anderen weitergeben kann.

b) Das Examen conscientiae

Um die Entwicklung im geistlichen Leben im Auge zu behalten und das Umgehen mit den eigenen Grundhaltungen erspüren zu können, empfiehlt die geistliche Tradition die Übung der liebenden Aufmerksamkeit. Fünf Weisen seien hier angeführt; sie heben jeweils verschiedene Aspekte einer *Gewissenserforschung* und Tagesauswertung hervor[3]:

aa) Tages-Examen

Dank für die Gaben der Schöpfung und Erlösung, für mein Leben.

Bitte um Sein mildes und klares Licht, damit ich „meine Wahrheit" erkennen und zulassen kann.

Liebende Aufmerksamkeit auf das, was in mir, um mich und durch mich geschieht: Wie ist es mir heute ergangen – in den einzelnen Stunden des Tages? Was hat sich ereignet? Was habe ich vielleicht übersehen, überhört?

Dialog der Reue und/oder des Dankes. „Wie ein Freund mit seinem Freund spricht ..., bald um eine Gnade bittend, bald sich wegen eines begangenen Fehlers anklagend, bald seine Anliegen mitteilend und dafür Rat erbittend" (Ignatius von Loyola).

Bereitschaft zu Hoffnung und Entschlossenheit.

bb) Ereignis-Examen

Welches Ereignis hebt sich für mich aus dem heutigen Tag besonders heraus und betrifft mich?
Was kommt darin auf mich zu? Und wie stehe ich dazu?
Wie beleuchte ich die gemachte Erfahrung im Licht der Offenbarung Jesu und der Hl. Schrift?

cc) Nachfolge-Examen

Welches *Ereignis* hebt sich aus dem heutigen Tag besonders hervor und ist für meine Beziehung zu Jesus von Bedeutung gewesen?

Welches Wort der *Hl. Schrift* beleuchtet die gemachte Erfahrung und kommentiert sie im Licht des Evangeliums?

dd) Hoffnungs-Examen

Wofür habe ich heute besonders zu *danken?*
Was habe ich heute *lernen* dürfen – in den guten wie auch in den schlechten Erfahrungen dieses Tages?

ee) Partikular-Examen

Wie ist es mir heute mit meinem Vorsatz *ergangen?*
Was hat das *Einhalten* des Vorsatzes heute erschwert, gefördert?
Wie möchte ich *morgen* meinem Vorsatz treu bleiben?

c) Der Ablaß

Im Institut des Ablasses werden zahlreiche Grundanliegen der bisher dargelegten Ausführungen deutlich, deshalb sollen sie wenigstens in einigen Grunddaten kurz angeführt werden. „Unter Ablaß versteht man Nachlaß zeitlicher Strafen von Sünden, deren Schuld bereits vergeben wurde."[4] Die Berechtigung des Ablasses ergibt sich zunächst aus dem Gedanken, daß der Bußvorgang nicht mit der Lossprechung endet, sondern danach verlangt, daß auch die Folgen der Sünde „aufgehoben" werden müssen; ferner weist der Ablaß auf die Solidarität aller Glaubenden auf dem Weg des Heils und erinnert an die Hilfe der Kirche, die den einzelnen Sünder auf seinem Weg der Umkehr nicht allein läßt.

Ein Blick in die Geschichte: Schon in der Frühzeit der Kirche gab es die Überzeugung, daß dem einzelnen Sünder bei seiner Umkehr zu Gott von der Gemeinschaft der Kirche geholfen werden kann. Dieses Eintreten nahm im Laufe der Kirchengeschichte vor allem zwei Formen an: Zum einen die Praxis der *„Fürsprache"* und

„stellvertretenden Buße". In der Frühkirche galt die Überzeugung, daß der Sünder nur einmal zur Buße in der Kirche zugelassen werden kann. Da die Bußzeit oft recht lang dauerte und demütigend war, suchte man, diese Zeit abzukürzen. Dies geschah durch Friedensbriefe, in denen sich Märtyrer noch vor ihrem Tod gegenüber einem Büßenden verpflichteten, im Himmel für ihn einzutreten, und so dessen Wiederaufnahme in die Kirche möglich wurde.

Zum anderen gab es im frühen Mittelalter die im germanisch-keltischen Raum aufkommende Sitte der *„Kommutationen"* oder *„Redemptionen"*. Im monastischen Bußeifer der Iro-Schotten wurde oft ein solches Quantum an Genugtuungsbußen verhängt, daß die Gesamtsumme der Bußwerke die physischen und zeitlichen Möglichkeiten des Büßers überforderte; von daher war man immer mehr bestrebt, mit geringeren Leistungen die von Gott verhängte zeitliche Sündenstrafe zu tilgen (z. B. durch Almosen, Gold oder sonstige Werte). Die bis 1967 bei Teilablässen angeführten Zeit- bzw. Maßangaben erklären sich von daher.

Beide Male handelt es sich um eine Ermäßigung der *kirchlichen* Strafe. Ein Ablaß liegt nämlich erst vor, wenn die Vergebung der Sündenschuld bereits erfolgt ist (Absolution) *und* die zeitlichen Sündenstrafen (also nicht die Sünden selber) nachgelassen wurden: Im Bußsakrament selber wird von Gott her allein die Sündenschuld und die ewige Strafe getilgt, nicht aber deren „zeitliche Strafe". Was ist unter einer solchen „zeitlichen Strafe" zu verstehen?

Das Schreiben Papst Pauls VI. zum Ablaß weist darauf hin, daß jede Sünde, „wenn auch nicht immer direkt und offenkundig", die Ordnung der Welt und der Menschen untereinander stört und die Freundschaft zu Gott und den Mitmenschen schwächt. In diesem Bereich der „zeitlichen" Wirkung jeder sündigen und schuldhaften Entscheidung und Handlung eines Menschen liegt das, was man gewöhnlich mit „zeitlicher Sündenstrafe" bezeichnet. Da jede Sünde eine „Strafe" in sich birgt, kann diese nicht einfach mit der Vergebung der Sünden (Absolution) behoben sein. Vielmehr muß der einzelne die Folgen seiner Sünde und Schuld aufarbeiten, auch wenn diese schon vergeben ist. Der „Erlaß" zeitlicher Sündenstrafen meint demnach keine „Amnestie", wohl aber Hilfe, denn die Kirche möchte dem einzelnen bei der Aufarbeitung helfend zur Seite stehen und ihm den „Schatz der Genugtuungen Christi und der Heiligen" zukommen lassen.

Was ist mit dem *„Schatz der Genugtuungen Christi und der Heiligen"* gemeint? Es wurde schon deutlich, daß die Glaubenden in einer Gemeinschaft des Glaubens stehen und daß zwischen allen, die in Christus sind, eine echte Solidarität besteht. Deshalb sind gerade jene, die den Lauf vollendet haben, ein „Schatz" für die Christen, die noch unterwegs sind und immer neu der Barmherzigkeit Gottes bedürfen. Aber nicht nur Christus und die Heiligen, die ganze Gemeinschaft der Kirche tritt als „Dienerin der Erlösung" für jeden einzelnen ein: nach der Verheißung des Herrn ist dieser Einsatz der Erhörung sicher. Ablaß, so verstanden, ist die Zusicherung der Fürbitte der ganzen Kirche für den Sünder, wo dieser die Folgen seiner sündigen Entscheidungen und Verfehlungen aufarbeiten möchte. Der Ablaß ist deswegen keine Alternative zur Buße, sondern die „Hilfe der Kirche, damit der Sünder jene notwendige Buße tue, entschlossener und radikaler vollziehe, ohne die es *nie* eine Tilgung der zeitlichen Sündenstrafen gibt" (K. Rahner). Mit Hilfe des Ablasses soll es dem einzelnen besser gelingen, rascher und intensiver die Buße zu vollziehen und den Weg der Umkehr zu betreten.

Die bleibende Aussage der Ablaßpraxis in der Kirche ist darin zu sehen, daß dem einzelnen auf dem Weg seiner Umkehr zu Gott geholfen werden muß, und zwar von der ganzen *Gemeinschaft* der Kirche. Schon die Ausführungen über die Solidarität und Stellvertretung auf dem Weg der Umkehr zeigten, daß die Schuld und Sünde des einzelnen nicht nur ihn betrifft, sondern auch alle, die mit ihm den Weg zu Gott gehen.

Im Bemühen um Besserung und Umkehr wird der einzelne nicht nur auf seine eigene Kraft vertrauen, er kann auch auf den „*Schatz*" zurückgreifen, der ihm durch die Erlösungstat Christi und die Fürsprache der Heiligen gewährt ist. Neben Gebet und Sakramentenempfang muß sich der Weg der Umkehr auch in den *Werken der Nächstenliebe* ausdrücken und durch das Zeugnis der Barmherzigkeit bekunden. Was die Gewinnung des Ablasses betrifft, so weist Papst Paul VI. darauf hin, daß es der „heiligen und rechten *Freiheit*" des einzelnen überlassen bleibt, diese oder ein anderes Mittel auf dem Weg der Umkehr zu gebrauchen.

3. In der geistlichen Begleitung

Bevor dargelegt wird, wie das Sakrament der Buße auch im Vollzug der Geistlichen Begleitung empfangen werden kann, soll ein kurzer Blick auf die Geschichte der Seelenführungsbeichte geworfen werden, denn die geschichtliche Entfaltung dieses Instituts ist für das Verständnis sehr aufschlußreich [5]: Aus dem anfangs vor allem nur einmal zu empfangenden Bußsakrament wird ein immer einfacherer und öfter wiederholbarer Ritus.

Diese Entwicklung verläuft in drei großen Schritten: sie beginnt mit der Rekonziliationsbeichte und führt über die Seelenführungsbeichte hin zur sogenannten Devotionsbeichte.

a) Die Seelenführungsbeichte

Die frühe Kirche fordert die „öffentliche Buße" bei „Abfall vom Glauben, Ehebruch und Mord", die seit Tertullian Gegenstand der Kirchenbuße sind. Die Bußpraxis der frühen Kirche zeichnet schon die künftige Entwicklung des Bußsakraments dadurch vor, daß das, was grundsätzlich wiederholt werden darf, auch oft wiederholt werden kann. Schon im 3. Jahrhundert gab es Bußriten, die der „großen Kirchenbuße" nachgebildet waren, nur viel einfacher. „Man beichtete seine Sünden nicht vor dem Bischof und der Gemeinde, sondern vor einem einzelnen Priester oder einem Mönch oder auch einem einfachen, zum geistlichen Gespräch begabten Christen"[6]; diese Begegnung konnte mit einer fürbittenden Lossprechungsformel enden. Doch die „private" Buße stieß zunächst auf den energischen Widerstand der Bischöfe und Synoden.

Im östlichen Mönchtum wird die Seelenführung spätestens seit der Wende zum vierten Jahrhundert geübt; sie gilt als die „Kunst aller Künste", und zwar nicht aufgrund einer Amtsvollmacht des geistlichen Vaters, sondern wegen der geistlichen Erfahrung des Abbas[7]. Im Westen nimmt das, was gemeinhin als „Privatbeichte" und als „Ohrenbeichte" bezeichnet wird, seine ihm eigene Gestalt an in der sogenannten „Seelenführungsbeichte". Als nämlich seit dem 9. Jahrhundert die Absolution nicht nach Ableistung der auferlegten Buße, sondern gleich nach dem Sündenbekenntnis erteilt wird, verbindet sich die Lossprechung immer mehr mit der Gewissenseröffnung vor dem Seelenführer oder (Ordens-)Oberen. Das führt dazu, daß im Abendland die „confessio consiliativa et directiva" zunehmend an Bedeutung gewinnt, und zwar neben der „confessio sacramentalis".

Seit dem 13. Jahrhundert wird die Sakramentalität der Seelenführungsbeichte eigens hervorgehoben, wobei die Vollmacht der geistlichen Väter entweder mit ihrer „Jurisdiktion" oder unter Hinweis auf ihr Priestersein begründet wird. Ab jetzt nimmt das Bußsakrament in der Geschichte der geistlichen Führung einen wichtigen Platz ein, nicht nur wegen der Sakramentalität des Vorgangs, sondern weil es überhaupt als der gewöhnliche Ort geistlicher Begleitung angesehen wird. Die Exagoreusis verliert ihre eigentliche Bedeutung und ihren ursprünglichen Sitz im Leben und wandelt sich zum Bekenntnis von Schuld und Sünde. Mit den häufigen Aussprachen wächst die Häufigkeit im Empfang des Bußsakramentes.

Diese Entwicklung kommt der Frömmigkeit des mittelalterlichen Menschen entgegen, weil mit jedem Sakramentenempfang besondere Gnaden verbunden sind; darum erfreuen sich Bußsakrament wie auch Eucharistie einer immer größeren Beliebtheit in weiten Schichten der damaligen Volksfrömmigkeit. Positiv an dieser Entwicklung ist, daß die Einmaligkeit und Einzigartigkeit des kirchlichen Versöhnungsangebotes gemildert wird und zum Angebot einer häufigeren Versöhnung mit einer „privaten" Buße führt [8].

Folgenschwer hingegen bleibt, daß das, was mit „schwerer Sünde" gemeint ist, auf ein Vielfaches erweitert wird: Hatte einer keine schweren Sünden zu beichten, wird er dazu angeleitet, schon die alltäglichen und kleineren Vergehen in ihrer schweren Bedeutung und als große Vergehen gegen Gottes Liebe einzuschätzen oder schon längst vergangene Sünden nochmals zu beichten und dafür Buße zu tun. Durch die Hervorhebung der Beichte treten die anderen Wege wie Gebet, Fasten und Almosengeben ganz in den Hintergrund.

Obwohl sich die kirchliche Bußpraxis zur wiederholbaren privaten Ohrenbeichte mit sofortiger Absolution entwickelt, bleibt der innere Zusammenhang von Beichte und Seelenführung erhalten, wenn auch zuweilen in recht eigenartiger Weise. So wird es für gut gehalten, daß dieselbe Beichte bei einem anderen Beichtvater wiederholt wird, wenn nicht der „richtige Zuspruch" gegeben wurde; dasselbe Bekenntnis konnte mehrmals abgelegt werden, und zwar so häufig, bis der Poenitent mit dem Zuspruch des Beichtvaters zufrieden ist. Der subjektive „geistliche Gewinn" tritt ganz in den Vordergrund: Man wünscht, sich gut „aussprechen" zu können und „verstanden" zu werden, um einen geeigneten „Zuspruch" für die kommende Zeit zu erhalten. Diese Entwicklung führte sogar zur Auffassung, daß der erfahrene Beichtvater, der geistlich begleiten und beraten kann, dem rechtlich zuständigen Beichtvater in allem vorzuziehen sei [9]. Die negativen Seiten all dessen sind nicht zu übersehen; es kommt zu „Stilblüten", die dem eigentlichen Sinn des Bußsakramentes nicht in allem entsprechen: So wird zum Beispiel von Dorothea von Montau († 1394) berichtet, daß sie regelmäßig mehrmals an einem einzigen Tag beichtet [10].

Als seit dem 16. Jahrhundert das sakramentale Leben durch das Trienter Konzil immer mehr gefördert wird, entwickelt sich die Seelenführungsbeichte weiter zur Devotionsbeichte und gilt nun als die beste Vorbereitung für den würdigen Empfang der Kommunion (vgl.

die Kommuniondekrete von Papst Pius X.). Nun gerät die Buße immer mehr in den Kontext der Eucharistie. Es gibt wohl kaum eine Zeit, in der so oft gebeichtet worden ist, wie zwischen 1910 und 1960: Der Empfang des Bußsakramentes erscheint als angemessenste Vorbereitung auf die Kommunion.

b) Das Beichtgespräch

Die Verbindung von Beichte und Seelenführung ist keine grundsätzlich notwendige, vielmehr wird sie sowohl im Blick auf die Häufigkeit des Empfangs wie auch die Intensität des Bekenntnisses je verschieden gestaltet sein. Geistliche Führung umfaßt viele Themen und Bereiche, die nicht allein in der Frage von Sünde und Schuld aufgehen, deshalb kann sie sich nicht auf die sakramentale Beichte beschränken[11]. Umgekehrt darf die Beichte nicht mit geistlicher Führung verwechselt werden, denn der Poenitent bittet allein um die Lossprechung; was darüber hinaus sein Glaubensleben betrifft, muß er aus eigenem Wunsch ansprechen wollen.

Das Beichtgespräch kann eine wichtige Hilfe dafür sein, daß das Bußsakrament kein rein äußerlicher Vollzug bleibt und mit dem Leben des Poenitenten in Verbindung bleibt. Im folgenden sei ein Modell für ein solches Beichtgespräch entworfen, das vornehmlich für die Beichte im Rahmen von geistlicher Begleitung gedacht ist: Es bedenkt zum einen die wesentlichen Grundhaltungen („Lebenshintergrund"), aus denen die einzelnen konkreten Sünden hervorgehen, und weist zum anderen auf Möglichkeiten, wie die dargestellten Grundanliegen des neuen Ordo Paenitentiae in die Praxis umgesetzt werden können. Zum Gelingen des Beichtgesprächs sind einige Grundvoraussetzungen entscheidend, die es nun zu bedenken gilt, und zwar im Blick auf den Beichtvater (aa.) wie auch für den Poenitenten (bb.).

aa) Grundregeln für den Beichtvater

1. Die Grundhaltungen des Beichtvaters im Beichtgespräch sind folgende:

Die „Kompetenz" des Beichtvaters bleibt im letzten ein Charisma, also eine „Frucht" des Gebets und der Begegnung mit dem Herrn.[12]

Das Bekenntnis des Poenitenten nur dann unterbrechen, wenn es unbedingt notwendig ist.

„Absolute" Zuwendung zum Poenitenten sicherstellen (sonst ansprechen und ihm kurz mitteilen: z. B. Müdigkeit, Termindruck).

Nachfragen, wenn etwas nicht verstanden wurde. Keine unnötigen Fragen stellen.

Der Verantwortung für den Poenitenten und seiner Situation nicht ausweichen.

Keine Hinweise auf Situationen, die mit der Beichtsituation nichts zu tun haben.

Den Poenitenten nicht an einen anderen Beichtvater (oder gar Therapeuten) verweisen. Aber dem Poenitenten frei lassen, zu einem anderen Priester zu gehen.

Keine strittigen Situationen und Konflikte lösen, in die Außenstehende verwickelt sind.

Achten, ob die Selbstwahrnehmung im Glaubenshorizont gegeben ist und zur vollen Einsicht in die eigene Sünde führt (z. B. Entwicklung und Reifung in der Erkenntnis der eigenen Sündengeschichte).

Auf den rechten Ort und die realitätsgerechte Wahrnehmung des Geschlechtlichen achten.

Die Rollenzuteilung im Blick behalten, in die der Poenitent den Beichtvater verweist: Vater, Arzt, Richter und Bruder; oder: Initiator, Moderator und Koordinator.

Nach Möglichkeit die Anordnung der Gedanken und die Wortwahl des Poenitenten aufgreifen und weiterführen.

Dem Poenitenten helfen, die „traumatische Lebensgeschichte" von der sündhaften Glaubensgeschichte zu trennen (vor allem in der Unterscheidung von Schuld und Schuldgefühlen).

Entwicklungsbedingte Unfertigkeit des Poenitenten respektieren (Beispiel: Dem jugendlichen Idealismus und seiner experimentellen Einstellung entspricht als Kehrseite eine große Enttäuschbarkeit oder Ritualisierung).

Auf den Unterschied zwischen geistlicher Begleitung und Beichtinhalt achten.

Die Lossprechung ist „rechtzeitig" zu geben: es kann also durchaus sein, daß sie erst nach einigen Beichtgesprächen gegeben wird.

Das Beichtgeheimnis „unverletzlich" sicherstellen (Notizen sind nicht ratsam).

2. Für den Vollzug des Beichtgesprächs lassen sich folgende Regeln aufstellen:

Absprache

Termin und Ort (Wann und wo will man sich treffen?).
- Ritus (Wer bereitet den Ablauf vor?).
- Hilfen (Lektüre, Zeit des Kirchenjahres bedenken).
- Dauer des Gesprächs beachten.

Vollzug

a) Vorbereitung
- Aufräumen, Beleuchtung ...
- Texte.
- Zuspruch überlegen (Schriftworte, Kirchenjahr etc.).

- Möglichkeiten zur äußeren Diskretion sichern (Stimmstärke, Türe, Fenster, Wände ...).
- Störungen abstellen (Telephon etc.).
- Sitzordnung.
- „Ständige Bereitschaft, das Sündenbekenntnis der Gläubigen zu hören" (Ordo Paenitentiae Nr. 10).

b) Begrüßung

- Keine teilnahmslosen Fragen.
- Erkundigung des Entschlusses zur Beichte.
- Versicherung des Ablaufs und des Vorgehens.
- Auskunft über die Lebensverhältnisse (diskret, nicht zu weitschweifig).
- Angst abbauen (aus Angst gegebene Auskünfte sind höchst unzuverlässig).

c) Gebet

- Gemeinsames Gebet.
- Schriftwort.
- Gebet des Priesters.

d) Bekenntnis

- Auf Strukturen und „Wurzeln" achten.
- Zuwendung zum Lebenshintergrund (keine Sünde fällt aus heiterem Himmel): „Hierarchie der Wahrheiten".
- Arbeit an der „Zukunft" des Poenitenten.
- Der Beichtvater kann sein Verstehen ausdrücken, aber kein ungeduldiges Unterbrechen des Poenitenten.
- Reue und Vorsatz soll der Poenitent durch ein Gebet zum Ausdruck bringen, „das sich auf Texte der Hl. Schrift stützt".

e) Zuspruch

- Die Führung übernehmen und den Poenitenten zur Selbständigkeit, zur Freiheit und zum Vertrauen auf Gott anleiten (mit Ehrfurcht und Respekt vor dem geistlichen Leben des Poenitenten, ohne jedes Entlarven).
- Bedenken des Zeitraumes seit der letzten Beichte.

- Was war das Wichtigste im Bekenntnis des Poenitenten?
- Gleich die Brücke zur Begegnung mit dem Herrn herstellen. (Jede Sünde muß dem Menschen in der Begegnung mit dem Herrn „geoffenbart" werden, erst so wird er sie erkennen).
- Was will der Poenitent mit seinem Bekenntnis sagen?
- Was ist die „Wurzel" der Sünde(n)?
- Auf die Einmaligkeit der Erfahrung des Poenitenten eingehen (nicht eigene Erfahrungen daneben stellen).
- Schriftwort zum Bekenntnis (nicht Erkennen und Bekennen ist das Entscheidende, sondern Bekehrung und Umkehr).
- Rückversicherung, ob Poenitent „alles" sagen konnte oder ob Fragen offenblieben.
- Interpretierende Anstöße, kein Bohren und längeres Nachfragen.
- Hinweis auf Engführungen (Skrupel, Wiederholungszwänge, Ängste).
- An der subjektiven (!) Beurteilung des Poenitenten und seiner Situation teilnehmen und sein Urteil über die Last seiner Verfehlung anerkennen.
- Ausweglose Situationen ohne Angabe von Parallelfällen oder gar vorschnelle Lösungshilfen stehenlassen.
- Augenblicke des Schweigens nicht überspringen (vielleicht die zuletzt gesprochenen Worte aufgreifen).
- Die Verkündigungssituation im Blick behalten (keine Plaudereien, Platitüden und theologische Disputationen: also Gott zu Wort kommen lassen).
- Beim Vorschlagen eines Vorsatzes auf ein Wort des Poenitenten zurückgreifen, denn dies motiviert ihn mehr.
- Auf die Formulierung des Vorsatzes achten (nicht gutgemeint bzw. negativ formuliert). Beachtung des Kirchenjahres oder Festtages (Evangelium).

f) Lossprechung

- Gebet (der Zuspruch kann von selber in ein Gebet münden).
- Formel und Segen.
- Stille.

g) Entlassung

- Kein Themenwechsel.
- Eher kurz und bündig (kein anderes Gespräch anhängen).
- Keine teilnahmslosen („väterlichen") Gebärden.
- Dank.

bb) Grundregeln für den Poenitenten

1. Voraussetzungen

Freude der Heimkehr: Nicht die verdorbene Situation läßt den verlorenen Sohn heimkehren, sondern die Barmherzigkeit des wartenden Vaters (Lk 15). Gott vergibt nicht die Schuld, er tilgt sie.

Innere Distanz: Wo das Reden über Sünde nicht von selbst zum Bekenntnis wird, ist ihre Entdeckung noch nicht wahrhaft vollzogen. Eine Zeit des Lebens und Erlebens muß zur Revision drängen. – Auf diesem Weg der Lebensumkehr zu Gott hilft ein gut gewählter Zeitrhythmus der Besinnung (bei dem ich meine Sünden nicht allein „vom Hörensagen her" kenne, bzw. wo die Beichtpraxis bloße „Archivarbeit" geworden ist).

Äußere Distanz: Suche den nötigen Abstand vom Alltag (Spaziergang, Musik, Schlafen); wähle einen ruhigen Ort und nimm dir genügend Zeit zum Überlegen.

2. Kurskorrektur

Bei der persönlichen Vorbereitung auf die Beichte können folgende Hinweise hilfreich sein und zu einem Leitfaden werden:

Vorbereitendes Gebet:
„Id quod volo": „Laß mich die Dinge so sehen, wie sie sind, daß nichts mich blende und nichts mich betrüge" (Kl. Therese).

Zur Standortbestimmung (Gegenwart):
- Das momentan vorherrschende Grundgefühl meines Lebens (im Alltag!)?
- Welche Tendenzen von Angst und Absicherung erfahre ich in mir?
- Nimmt mein Leben zur Zeit an Wahrheit und Frieden zu?
- Wie ist die Echowirkung meines Tuns bei anderen (Kritik, Lob etc.)?

Zur Auswertung (Vergangenheit):

GRUNDLINIEN: Welche Erfahrungen und Ereignisse sind für die vergangene Zeit bestimmend, typisch? (Momentaufnahmen, Schlaglichter)

GRUNDOPTION: Was drückt sich in den für die letzte Zeit typischen Worten und Erfahrungen wesentlich als Lebensgrundhaltung aus?

AUTHENTIZITÄT: Wo habe ich zu sehr „aus zweiter Hand" gelebt? Wo bin ich abhängig (geworden)?

GRENZERFAHRUNGEN: Wo bin ich im Umgang mit mir und anderen an Grenzen gestoßen, die mich mit einem Stück „Realität" konfrontierten?

CHRISTUS-BEZIEHUNG: Welche Hoffnungen habe ich in meine Begegnung mit Jesus gelegt und wie ließ ich sie wachsen? Erfahre ich hierbei augenblicklich einen Zuwachs an Wahrheit, Freiheit, Frieden und Trost?

Zur Schuldgeschichte:

MEIN SCHATTEN: Was habe ich in der letzten Zeit als Schatten erfahren: als „Lebensschatten" (strukturelle Sünde), als „ungelebter Schatten" (vergrabenes Talent) und als „Schuldschatten" (meine Schuldgeschichte)?

MEINE LEBENSWAHRHAFTIGKEIT: Gibt es ausgeklammerte Themen und Bereiche, die ich vor mir und Gott verberge? (Grund aller Sünde: „Ich will allein sein", Sünde will unerkannt bleiben; vgl. Masken und Rollen).

MEINE VERSUCHBARKEIT: Worin erfahre ich, daß ich der Wahrheit und Aufrichtigkeit meines Lebens ausweiche durch Verharmlosung, Ablenkungsmanöver, Mutlosigkeit, Vorleistungen, falsche Skrupulosität, Angst vor Beschämung ...?

3. Confessio

Für die Formulierung des Schuldbekenntnisses sind folgende Hinweise eine Richtschnur:

Grundhaltungen:

UMKEHR: Es ist einfacher, etwas an mir zu ändern, als mich zu ändern, nämlich ganz aus Gottes Liebe und Menschenfreundlichkeit zu leben.

UMKEHR IN DAS SAKRAMENT: Es geht in der Beichte nicht um ein moralisches „Check-in", sondern um eine Christusbegegnung: Gott gibt mir etwas, das ich mir selber nicht geben kann.

DANK: Danke Gott dafür, daß du ein Sünder sein darfst. Denn Gott liebt die Sünder, aber er haßt die Sünde (vgl. D. Bonhoeffer).

LIEBE: Sünde ist Ausfall von Liebe. Wer die erste Liebe nicht hat, beginnt zu unterlassen („... daß ich Gutes unterlassen und Böses getan habe"). Was ist die mir eigentümliche Verweigerung der Liebe im Geflecht meiner so unalltäglichen Alltagsbosheit?

Konstitutiva

AUFRICHTIGKEIT: „Eine unterdrückte, eine verschwiegene Schuld vergiftet von innen" (D. Bonhoeffer).

FREIHEIT: Meide „Vorzeigesünden" (das Beichten von Sünden, in die man gleichsam verliebt ist: „fromme Lüge"), und unterbinde alle Fixierungen (die geistigen Sünden sind von größerer Schuld als die fleischlichen, wie Thomas von Aquin betont).

WERTUNG: Ordne die wichtigen und entscheidenden Ausfallspunkte. Die innere Hierarchie des Bekenntnisses ergibt sich aus der Sensibilität für die eigenen Gefährdungen.

BUSSE: Wer Schuld auf sich geladen hat, muß sie auch in ihren Konsequenzen ausleiden. Buße ist hier die bewußte Übernahme der mit der Umkehr verbundenen Läuterung.

GNADE: Ob mit dem Bekenntnis der Sünden („Umkehr") auch schon ihr vollkommenes Ablegen („Wende") verbunden ist, ist allein Gottes Gnade.

LEBENSKONTEXT: Achte auf die Vorgeschichte der Sünde, denn die innere Intention schafft sich die äußeren Umstände des eigenen wirksamen Verhaltens (Bedeutung für die geistliche Begleitung!).

VERTIEFUNG: Die Erfahrung der Beichte sucht ihre Vertiefung in der Feier der Eucharistie, dem „Mahl der Sünder".

Bekenntnisformen

Jede (Lebens- und Glaubens-)Zeit hat ihre Bußform. Dabei gibt es auch eine Differenziertheit der Wege zur Vergebung der Sünden, nämlich z. B. durch Gebet, Fasten und Almosengeben.

Drei Beichtformen sind möglich:
– Die zusammenhängende Bekenntnisaussage (Beichtstuhl).
– Das Gespräch mit dem Beichtvater (Beichtgespräch).
– Das formulierte Bekenntnisgebet (der Poenitent formuliert sein Bekenntnis als ein Gebet, auf das der Beichtvater wiederum mit einem Gebet und mit der anschließenden Absolution antwortet; es handelt sich hier um eine alte Weise des Bekenntnisses, wie die Confessiones des hl. Augustinus zeigen).

Die hier vorgestellte Beichtvorbereitung beansprucht viel Zeit, zuweilen einen halben Tag. Sie läßt sich gut verbinden mit einem monatlichen Einkehrtag, der zunächst mit einer „révision de vie" beginnt und mit einer Beichte endet. Dabei liegt der Hauptton auf der Frage nach den Grundhaltungen, die das Leben des Poenitenten bestimmen (vgl. „Standortbestimmung", „Auswertung"), während die Frage nach der Schuld (vgl. „Schuldgeschichte") nach dem Kontext suchen läßt, in dem die Schuldgeschichte des einzelnen steht: Der Poenitent kann sich fragen, wo während der letzten Wochen und Monate in Gesellschaft und Politik oder im eigenen Lebensumkreis objektiv Schuld und Vergehen deutlich wurde (strukturelle Sünde); von da aus läßt sich weiterfragen, wie das eigene Fehlverhalten zur Schuldgeschichte beigetragen hat.

Der Christ vernimmt den Anruf zur Umkehr nicht im Gegenüber von Geboten, Gesetzen und Satzungen, sondern in der Begegnung mit dem Wort der Heiligen Schrift: Jede Umkehr nimmt ihren Anfang im Anruf der Schrift. Darum legt es sich nahe, bei der Vorbereitung wie auch bei der Beichte selber ein Schriftwort zu wählen. Der Poenitent kann zunächst überlegen, welches Wort der Heiligen Schrift für die vergangene Zeit entscheidend gewesen sein mag und welches für ihn eine Aufforderung zu einer Umkehr im Glauben darstellt (z. B. die Seligpreisungen, 1 Kor 13); darauf wird er darüber nachdenken, wie er dieses Schriftwort gelebt hat; schließlich kann er mit diesem Schriftwort das Beichtgespräch eröffnen und all das bekennen, was er im Blick auf das Wort der Heiligen Schrift gefehlt hat [13].

4. In der Hoffnung des Gebets

Am Ende der Überlegungen soll ein Gebet stehen, das *Charles de Foucauld* immer wieder gesprochen hat – als Zeichen und Verheißung der Nähe göttlichen Erbarmens:

Mein Gott, sprich mir von der Hoffnung. Wie können von dieser armen Erde Gedanken der Hoffnung aufsteigen? Müssen sie nicht vom Himmel herabkommen? Du wünschst nicht nur, daß wir eine Hoffnung haben, die uns über uns selbst erhebt, die weiter reicht als unsere Träume, du machst sie uns sogar zur Pflicht!

So schlecht bin ich, ein so großer Sünder, ich darf doch in den Himmel kommen. Du verbietest mir zu verzweifeln. So undankbar, so lau, so feig, wie ich bin, sosehr ich deine Gnaden mißbrauche, mein Gott, du machst es mir doch zur Pflicht, darauf zu hoffen, daß ich ewig zu deinen Füßen leben werde, in Liebe und Heiligkeit.

Du schützt mich davor, jemals angesichts meines Elends mutlos zu werden und zu sagen: „Ich kann nicht mehr weiter, der Weg zum Himmel ist zu steil, ich gleite ab und stürze tief hinunter." Du bewahrst mich davor, angesichts meiner sich ständig wiederholenden Fehler, für die ich täglich um Vergebung bitte, um doch wieder in sie zurückzufallen, zu sagen: „Ich werde mich niemals bessern; die Heiligkeit ist nichts für mich; was gibt es Gemeinsames zwischen dem Himmel und mir?" Du verbietest mir, angesichts der unendlichen Gaben, mit denen du mich überhäuft hast, und der Unwürdigkeit meines Lebens zu sagen: „Ich habe diese vielen Gnaden mißbraucht, ich kann mich nicht bessern und niemals wird es mir gelingen."

Du willst, daß ich trotzdem hoffe, daß ich hoffe, immer genug Gnade zu haben, um mich zu bekehren und zu dir zu gelangen. Immer wieder muß ich hoffen, weil du es mir befiehlst und weil ich immer an deine Liebe und Kraft glauben muß, die du mir verheißen hast. Ja, wenn ich das betrachte, was du für mich getan hast, muß ich ein solches Vertrauen in deine Liebe gewinnen, daß ich, so undankbar und unwürdig ich mir auch vorkomme, doch immer auf sie hoffe. Ich zähle immer auf sie, ich bin immer überzeugt, daß du bereit bist, mich aufzunehmen, wie der Vater den verlorenen Sohn, und sogar noch mehr, da du nicht aufhörst, mich zu rufen, mich einzuladen und mir die Mittel zu geben, zu dir zu gelangen.

Mein Herr Jesus, du mußt mir Mut zusprechen – und vor allem: du mußt ihn mir geben. Vielleicht ist Mut das, was mir am meisten fehlt, obwohl mir so vieles andere auch fehlt. Gott, ich hoffe auf dich.

Anmerkungen

Erstes Kapitel: Hinführung

¹ Vgl. J. Wittig, die Erlösten, in: Hochland 19 (1921/22) 1–26. J. Wittig schreibt in seiner Ostergeschichte „Die Erlösten": „Jesus hat uns erlöst, indem er uns die Möglichkeit gab, durch das Sakrament der Buße Verzeihung unserer Sünden zu erlangen", doch der ihn begleitende Schulkamerad murmelt: „Hätte er uns lieber vom Beichten erlöst."

² G. Ebeling, Wort und Glaube, Bd. III (Tübingen 1975) 197.

³ G. Schmidtchen, Zwischen Kirche und Gesellschaft (Freiburg i. Br. 1972) 149; diese Angaben sich in den letzten 20 Jahren noch deutlich verschoben haben.

⁴ J. Werbick, Schulderfahrung und Bußsakrament (Mainz 1985) 124.

⁵ P. Browe, Die häufige Kommunion im Mittelalter (Münster 1938) 26 f.

⁶ J. Werbick, Schulderfahrung und Bußsakrament, 7.

⁷ Ebd., 8.

⁸ F. Nietzsche, Werke in drei Bänden. Hrsg. von K. Schlechta (München 1966) Bd. I, 1150.

⁹ B. Groethuysen, Die Entstehung der bürgerlichen Welt- und Lebensanschauung in Frankreich (Neuausgabe), Bd. I (Frankfurt/M. 1978) 205.

¹⁰ Vgl. J. Ratzinger, Die sakramentale Begründung christlicher Existenz (Freising 1966) 11 f.

¹¹ W. Kaufmann, Jenseits von Schuld und Gerechtigkeit (dt. Ausgabe) (Hamburg 1974) 56.

¹² J. Werbick, Schulderfahrung und Bußsakrament, 8.

¹³ W. E. Schmidt, Katholische Beichte, in: RGG I (1909) 1472–1477, hier 1476.

¹⁴ J. Werbick, Schulderfahrung und Bußsakrament, 11.

¹⁵ Vgl. Beschluß der Würzburger Synode „Unsere Hoffnung" I,5.

¹⁶ K. Rahner, Grundkurs des Glaubens (Freiburg i. Br. ⁸1976) 99.

¹⁷ C. Schmid, Erinnerungen (Bern – München ⁵1979) 15 f.

Zweites Kapitel: Verheißung des Glaubens

[1] Trient über das Opfer der hl. Messe (DS 1743); J.-M. Tillard, Das Brot und der Kelch der Versöhnung, in: Concilium 7 (1971) 17–26.

[2] A. Exeler, auf der Jahrestagung des Zentralverbandes der katholischen Frauen- und Müttergemeinschaften Deutschlands. Fulda, April 1967.

[3] Vgl. dazu J. Jeremias, Neutestamentliche Theologie, Bd. I (Gütersloh 1971) 155.

[4] Vgl. E. Rosenstock – J. Wittig, Das Alter der Kirche (Berlin 1927); auch J. Gründel, Schuld und Versöhnung (Topos Taschenbuch 129) (Mainz 1985) 141–144.

[5] M. Heidegger, Was heißt Denken? Vorlesungen WS 1951/52, I. Teil (Tübingen 1954) 40ff., bes. 44.

[6] R. Brague, Was heißt christliche Erfahrung?, in: IKZ 5 (1976) 488 f.

[7] W. Kasper, Überlegungen zur Erneuerung der christlichen und kirchlichen Buße, in: Die Feier der Buße nach dem neuen Rituale Romanum – Ordo poenitentiae. Hrsg. vom Presseamt des Erzbistums (Kölner Beiträge 25). (Köln 1977) 25–44, hier 30.

[8] H. U. von Balthasar legt die christologische Deutung des Gleichnisses vom barmherzigen Vater nahe, denn Gott läßt seinen Sohn sich mit dem verlorenen Bruder identifizieren; er führt den zu Gott zurück, der von ihm nichts mehr hören will.

[9] A. Kner, Alle suchen Versöhnung (Würzburg 1974) 18 f.

[10] A. von Speyr, Die Beichte (Einsiedeln ²1982) 182 f.

[11] Hierzu O. Semmelroth, Das Bußsakrament als Gericht, in: Scholastik 37 (1962) 520–549, hier 541 f.

[12] G. Greshake, Zur Erneuerung des kirchlichen Bußwesens. Überlegungen aus dogmengeschichtlicher und systematischer Sicht, in: A. Exeler u. a., Zum Thema Buße und Bußfeier (Stuttgart 1971) 61–123, hier: 112.

[13] O. Semmelroth, Das Bußsakrament als Gericht, 545.

[14] H. U. von Balthasar, Theologie der Geschichte (Einsiedeln ³1958) 72.

[15] W. Kasper, Überlegungen zur Erneuerung der christlichen und kirchlichen Buße, 64.

[16] Vgl. J. Werbick, Schulderfahrung und Bußsakrament, 144 f; P. Tillich, Liebe, Macht, Gerechtigkeit, in: Gesammelte Werke, Bd. XI (Stuttgart 1969) 143–225, hier 184 f.

Drittes Kapitel: Schritte der Umkehr

[1] Vgl. M. Schneider, Das neue Leben. Geistliche Erfahrungen und Wegweisung (Freiburg i. Br. [3]1989) 18.

[2] J. Wittig, Meine „Erlösten" in Buße, Kampf und Wehr (Habelschwerdt 1923) 39 ff.

[3] Glaubensverkündigung für Erwachsene (Nijmegen 1968) 501.

[4] Johannes Tauler, in: F. Vetter, Die Predigten Taulers (Berlin 1910) (zitiert als V mit Seiten- und Zeilenzahl), 329, 6–10.

[5] V 335, 3.

[6] V 326, 21.

[7] V 213, 26.

[8] H. Vorgrimler, Zur Theologie der Buße, in: Lebendige Seelsorge 19 (1968) 13.

[9] Die Seelenburg II, 11 (vgl. Die Seelenburg der Heiligen Theresia von Jesu, in: Gesammelte Werke, Bd. V [München 1937] 43).

[10] Kl. Demmer, Entscheidung und Verhängnis. Die moraltheologische Lehre von der Sünde im Licht christologischer Anthropologie (Paderborn 1976) 206. Meinem früheren Lehrer in Rom verdanke ich hier zahlreiche Anregungen.

[11] A. von Speyr, Die Beichte (Einsiedeln [2]1982) 17.

[12] J. Pieper, Sünde – eine Fehlleistung? (Leutesdorf 1978) 328.

[13] Aus dieser Überlegung heraus findet sich bei Thomas von Aquin der Hinweis, daß die geistigen Sünden von größerer Schuld sind als die fleischlichen Sünden. Für den Aquinaten waren die geistigen Sünden (wie Herrschsucht, Neid und Haß) aus drei Gründen schwerer: sie bedeuten eine größere Abkehr von Gott (bei den fleischlichen Sünden geht es eher um eine ungeordnete Zuneigung zu einem körperlichen Gut), ferner beziehen sich die Fleischessünden auf den eigenen Körper (die geistigen Sünden verstoßen aber gegen die Liebe zu Gott und den Nächsten), und schließlich gilt für Thomas, daß ein Mensch um so weniger sündigt, je gewichtiger der Antrieb ist; da die Fleischessünden in der Begierlichkeit einen heftigen Antrieb haben, sind die geistigen Sünden größer, weil weniger Antrieb im Spiel ist (Theologische Summe, quaestio 73, articulus 5).

[14] J. Pieper, Sünde, 34.

[15] A. Lesch, Das Sakrament der Buße. Dogmatische Vorüberlegungen zu einer Reform, in: IKZ 3 (1974) 493–513, hier: 511.

[16] R. Guardini, Verantwortung. Gedanken zur jüdischen Frage. Eine Universitätsrede (München 1952) 38.

[17] Hierzu ausführlich im 5. Kapitel: „Der Umgang mit den Gedanken".

[18] Johannes Cassianus, De institutis coenobiorum (ed. J.-Cl. Guy) (Paris 1965) X, 1.

[19] Vgl. Scholienkommentar zu den Psalmen: In Ps 118, 28 (zit. nach

131

M.-J. Rondeau, Le commentaire sur les Psaumes d'Évagre Pontique, in: OCP 26 [1960] 307–348).

[20] Tractatus de octo spiritibus, 13 (vgl. PG 79, 1145–1154).

[21] G. Bunge, AKEDIA. Die geistliche Lehre des Evagrios Pontikos vom Überdruß (Köln ³1989) 41.

[22] In Ps 139,3a.

[23] G. Bunge, AKEDIA, 44.

[24] Capita Practica ad Anatolium (ed. A. und C. Guillaumont) (Paris 1971) 36.

[25] Octo spir. 13.

[26] G. Bunge, AKEDIA, 61.

[27] S. Kierkegaard, Die Krankheit zum Tode. Übers. von H. Gottsched und Chr. Schrempf (Jena 1938) 44 ff.

[28] Vgl. H. Stenger, Verwirklichung unter den Augen Gottes. Psyche und Gnade (Salzburg 1985).

[29] J. Pieper, Über die Hoffnung (München 1949) 60.

[30] Ausführlich F. J. Illhardt, Trauer. Eine moraltheologische und anthropologische Untersuchung (Düsseldorf 1982) 316 f.

[31] B. Stoeckle, Handeln aus dem Glauben. Moraltheologie konkret (Freiburg i. Br. 1970) 170; F. J. Illhardt, Trauer, 316.

[32] H. Cox interpretiert die erste Sünde im Paradies als die verlockende „Ursünde", „weniger als ein Mensch zu sein" (H. Cox, Stirb nicht im Warteraum der Zukunft [Stuttgart ³1970] 13).

[33] F. J. Illhardt, Trauer, 315 f.

[34] Von hier wird es einsichtig, in welchem Ausmaß die Akedia eine Wurzelsünde ist und wie sehr sie die Grundeinstellungen für die kommenden Handlungen bestimmt. Zum Begriff der Wurzelsünde vgl. H. Kramer, Die sittliche Vorentscheidung. Ihre Funktion und ihre Bedeutung in der Moraltheologie (Würzburg 1970) 13 f; F. J. Illhardt, Trauer, 316.

[35] C. G. Jung, Gesammelte Werke, Bd. VIII (Zürich 1967) 465.

[36] Ebd., 466.

[37] In dem bekannten Roman „Der Leopard" von Tomasi di Lampedusa ist folgendes berichtet: Der sizilianische Fürst Fabrizio besucht regelmäßig eine Lebedame. In seiner Kutsche nimmt er den Hausgeistlichen mit, der während des Ehebruchs in einem benachbarten Kloster absteigen muß. Denn der Fürst liebt es, nach getaner Arbeit gleich und ohne Zögern zu beichten …

[38] H. Campenhausen, Kirchliches Amt und geistliche Vollmacht in den ersten 3 Jahrhunderten (Tübingen 1953) 249.

[39] G. Greshake, Zur Erneuerung des kirchlichen Bußwesens, 75.

[40] Augustinus, In Jo. tr. 124,7: Quoniam nec iste solus, sed universa Ecclesia ligat solvitque peccata.

[41] Blaise Pascal, Pensées. Ed. Chevalier, Nr. 818.

[42] Vgl. das Apostolische Schreiben vom 2. Dezember 1984 über Ver-

söhnung und Buße (Reconciliatio et Paenitentia), wo der ganzen Kirche die versöhnende Sendung zugesprochen wird (a. 12).

[43] Ordo Paenitentiae, Nr. 8.

[44] Y. Congar, Quelques problèmes touchant les ministères, in: Nouvelle Revue Théologique 93 (1971) 785–830, hier 792.

[45] J. Ramos-Residor, Die Wiederversöhnung in der Urkirche, in: Concilium 7 (1971) 37–43, hier 41.

[46] B. Langemeyer, Sündenvergebung und Brüderlichkeit, in: Catholica 18 (1964) 290–314.

[47] O. H. Pesch, Dogmatik im Fragment. Gesammelte Studien zu dogmatischen und fundamentaltheologischen Fragen (Mainz 1987) 373.

[48] W. Kasper, Überlegungen zur Erneuerung der christlichen und kirchlichen Buße, 25–44.

[49] Z. Alszeghy, Carità ecclesiale nella penitenza cristiana, in: Gregorianum 44 (1963) 5–31.

[50] J. Ratzinger, Metanoia als Grundbefindlichkeit christlicher Existenz, in: E. Chr. Suttner, Buße und Beichte (Regensburg 1972) 21–37.

[51] M. Scheeben, Die Mysterien des Christentums (Freiburg i. Br. 1958) 459–465.

[52] A. von Speyr, Die Beichte, 102 f.

[53] J. Ratzinger, Die sakramentale Begründung christlicher Existenz, hier bes. 12.

[54] Ebd., 20 f.

[55] Vaticanum II, Dekret über Dienst und Leben der Priester „Presbyterium ordinis", Nr. 5.

Viertes Kapitel: Vollzüge der Versöhnung

[1] Vgl. A. K. Ruf, Aspekte für eine Neuorientierung der Bußtheologie und -praxis, in: Anzeiger für die katholische Geistlichkeit 88 (1979) 88; vgl. auch: Über Versöhnung und Buße. Dokument der Internationalen Theologenkommission, veröffentlicht in: IKZ 13 (1984) 44–64.

[2] G. Muschalek, Beichte und geistliche Führung. Überlegungen eines in Not geratenen Dogmatikers, in: Orientierung 29 (1965) 164.

[3] Ebd., 163.

[4] Darum muß der zur Taufe kommende Erwachsene seine persönlichen Sünden nicht dem Bußsakrament unterwerfen; das Tridentinum gibt den Grund dafür an, wenn es sagt: „Es ist sicher, daß der Spender der Taufe nicht Richter sein muß, da die Kirche gegen niemanden eine Gerichtsbarkeit ausübt, der nicht zuvor durch das Tor der Taufe in sie eingetreten ist" (DS 1679). Doch die nach der Taufe in die Sünde Gefallenen sollten als Schuldige vor Gott und die Kirche hintreten.

[5] Deutsche Bischofskonferenz (Hg.), Katholischer Erwachsenenkatechismus: Das Glaubensbekenntnis der Kirche, Bd. I (Bonn 1985) 369.

[6] V 60c, 235.

[7] V 60a, 284.

[8] V 65, 35.

[9] V 57, 272.

[10] V 70, 383.

[11] V 58, 275.

[12] DS 1676–1678; 1689–1693.

[13] H. U. von Balthasar, Theodramatik, Bd. III: Die Handlung (Einsiedeln 1980) 313.

[14] G. Muschalek, Beichte und geistliche Führung, 163.

[15] B. Häring, Die große Versöhnung (Salzburg 1969) 10ff. Die Ostkirche kennt sogar den Grund, daß ein Poenitent keinen Priester findet, dem er subjektiv das Vertrauen schenken kann.

[16] A. von Speyr, Die Beichte, 120.

[17] Kl. Demmer, Entscheidung und Verhängnis, 231, Anm. 51; und G. Greshake, Beichtkrise und Bußerneuerung. Zur jüngsten Diskussion im deutschen Sprachraum, in: Herder-Korrespondenz 27 (1973) 138.140.

[18] Zit. nach W. Lambert, Warum – was – wie beichten? (Leutesdorf 1984) 25.

[19] A. von Speyr, Die Beichte, 104.

[20] Würzburger Synode. Sakramentenpastoral, Richtlinien 4.3.

[21] K. Rahner, Laienbeichte, in: LThK VI (1961), 741.

[22] Die neue Bußordnung. Pastorale Einführung (Rom 1974), Nr. 10.

[23] A. von Speyr, Die Beichte, 259.

[24] O. Nußbaum, Die Liturgie der Buße und Versöhnung im Ordo poenitentiae von 1973, in: Die Feier der Buße nach dem neuen Rituale Romanum – Ordo poenitentiae, hrsg. vom Presseamt des Erzbistums (Kölner Beiträge 25) (Köln 1977) 73–80, hier 77.

[25] Ordo Paenitentiae, Nr. 18.

[26] Ebd., Nr. 6.

[27] Ebd., Nr. 5.

[28] Wird der Poenitent nach der Beichte seinen Vorsätzen wieder untreu und sündigt, fügt er „nicht zu Vorhandenem etwas hinzu, er fängt von vorn an mit der Sünde. Aber – und das ist das Wesentliche – er beginnt vorher schon mit einem sündelosen Leben" (A. von Speyr, Die Beichte, 217).

[29] K. Rahner, Praxis des Glaubens. Geistliches Lesebuch (Freiburg i. Br. 1981) 176.

[30] Konstitution über die heilige Liturgie „Sacrosanctum Concilium", Art. 7.

[31] In den Erläuterungen zu Ps 32,2 (PG 39, 133).

[32] Nach O. H. Pesch, Dogmatik im Fragment, 370.

[33] I. H. Dalmais, Le sacrement de Pénitence chez les Orientales, in: La Maison Dieu 56 (1958) 22–29.

[34] F. Nikolasch, Die Bußliturgie in den Kirchen des Ostens und ihre Bedeutung, in: Conc 7 (1971) 32–36.

[35] Ordo Paenitentiae, Nr. 5.

[36] Ordo Paenitentiae, Nr. 2 und 4.

[37] DS 1707.

[38] O. Nußbaum, Die Liturgie der Buße und Versöhnung im Ordo paenitentiae von 1973, in: Die Feier der Buße nach dem neuen Rituale Romanum – Ordo paenitentiae, hrsg. vom Presseamt des Erzbistums (Kölner Beiträge 25) (Köln 1977) 73–80, hier 76.

[39] O. H. Pesch, Buße konkret heute (= Theologische Meditationen 34) (Zürich – Einsiedeln – Köln 1974) 58; K. Rahner, Vergessene Wahrheiten über das Buß-Sakrament, in: Schriften zur Theologie (Einsiedeln – Zürich – Köln 1955) 143–184, hier 153 f, Anm. 1.

[40] Ebd., 77.

[41] Vgl. Didaché 4, 14; 15, 1; Jak 5, 16.

[42] J.-M. Tillard, Das Brot und der Kelch der Versöhnung, in: Conc 7 (1971) 17–26, hier: 25.

[43] A. von Speyr, Die Beichte, 104.

[44] STh III 79, 3; In I. ad Cor. Lect. 6, Nr. 682.

[45] Hierzu J.-M. Tillard, Das Brot und der Kelch der Versöhnung, bes. Anm. 8 mit dem Hinweis auf die Diskussion des Trienter Konzils.

[46] H. U. von Balthasar, Umkehr im Neuen Testament, in: IKZ 3 (1974) 481–491, hier: 489.

[47] O. H. Pesch, Buße konkret, 34.

[48] D. Bonhoeffer, Gesammelte Schriften, Bd. V (München 1972) 526 f.

[49] H. U. von Balthasar, Umkehr im Neuen Testament, 490.

[50] Ordo Paenitentiae, Nr. 4.

[51] Franz Kamphaus, Vergebung der Sünden. Hirtenwort zur österlichen Bußzeit. Limburg 1984, 64.

[52] Vgl. H. Rahner, Die Kirche (Freiburg i. Br. ²1957).

[53] Enarrationes in Ps. 30, sermo 2, 6 (PL 36, 243); ebd. Ps. 99, 11 (PL 37, 1278).

[54] Das Zweite Vatikanische Konzil lehrt: „Mit Recht also sind die heiligen Väter der Überzeugung, daß Maria nicht bloß passiv von Gott benutzt wurde, sondern in freiem Glauben und Gehorsam zum Heil der Menschen gewirkt hat" (Lumen gentium, 56). „Die selige Jungfrau, die von Ewigkeit her zusammen mit der Menschwerdung des göttlichen Wortes als Mutter Gottes vorherbestimmt wurde, war nach dem Ratschluß der göttlichen Vorsehung hier auf Erden die erhabene Mutter des göttlichen Erlösers, in einzigartiger Weise vor anderen seine großmütige Gefährtin und die demütige Magd des Herrn. Indem sie Christus empfing, gebar, nährte, im Tempel darstellte und mit ihrem am Kreuz sterbenden Sohn litt, hat sie beim Werk des Erlösers in durchaus einzigartiger Weise in Gehorsam, Glaube, Hoffnung und brennender Liebe mitgewirkt zur Wiederherstellung des übernatürlichen Lebens

der Seelen" (Lumen gentium, 61). In der letzten Aussage des II. Vaticanum ist die feine Unterscheidung von wesentlicher Bedeutung, daß Maria als Mutter des Herrn nicht zu Gottes Heilsgeschichte und dem Heilshandeln beitrug, wohl aber an Gottes Heilsplan mitwirkte und so in das Geheimnis Christi und seiner Kirche gehört.

[55] Dazu V. Lossky, Die mystische Theologie der morgenländischen Kirche (Graz – Köln 1961) 176–178.

[56] Dieses Grundgesetz bedeutet für das Sprechen von der Gemeinschaft im Glauben: In einer rein strukturellen Ekklesiologie degeneriert Kirche zum Aktionsprogramm.

[57] Symeon der Neue Theologe schreibt: „Ich kenne einen Menschen, der mit solcher Glut das Heil seiner Brüder ersehnte, daß er oft mit heißen Tränen seines Herzens und im Übermaß des Eifers, der eines Moses würdig gewesen wäre, zu Gott betete, daß entweder seine Brüder mit ihm gerettet oder daß er mit ihnen verdammt würde. Er hatte sich nämlich im Heiligen Geist mit solcher Liebe mit ihnen verbunden, daß er nicht einmal in das Himmelreich eingehen wollte, wenn er sich dadurch von ihnen trennen müßte" (Divinorum amorum liber: PG 120, 507–602).

[58] K. Rahner, Warum und wie können wir die Heiligen verehren?, in: Schriften zur Theologie, Bd. VII (Einsiedeln – Zürich – Köln 1971) 302: „Die ‚Fürbitte' der Heiligen aber bedeutet kein Vermittlungsbüro und keinen ‚Instanzenzug', sondern dies, daß jedes Leben des Glaubens und der Liebe von ewiger Gültigkeit und Bedeutung für alle ist und daß der Gerettete diese seine Bedeutung selig annimmt und lebt."

[59] Vgl. die Erzählung „Der Abgrund" [1941], in: R. Schneider, Der fünfte Kelch (Köln – Olten 1953) 214.

[60] Kardinal Daniélou, Essai sur le mystère de l'histoire (Paris 1953) 340. Nicht anders H. U. von Balthasar, Kleiner Diskurs über die Hölle (Ostfildern ²1987) 9: „Aber: wenn ich für dich, für andere, für alle hoffe, dann darf ich mich schließlich auch mit einschließen. (Nicht umgekehrt: ich hoffe für mich, aber ob du zu den Erwählten gehörst, weiß ich nicht mit Sicherheit)." Somit hat der Christ die Pflicht, „die Hölle leer zu hoffen".

[61] W. Beinert (Hg.), Maria heute ehren. Eine theologisch-pastorale Handreichung (Freiburg i. Br. 1977) 131.

[62] Vgl. hierzu das in Anm. 57 Gesagte.

[63] Vgl. Origenes, De orat. ii (ed. Koetschau 322).

[64] Die Verehrung der Heiligen ist die besondere Gestalt der über den Tod hinaus bewahrten Verbindung mit dem Nächsten und der Liebe zu ihm, es geschieht in ihr nichts anderes als in der Nächstenliebe: Von der liebenden Verehrung der Glieder des Leibes in der pilgernden Kirche, also der konkreten Nächstenliebe, unterscheidet sich die Heiligenverehrung nicht dem Wesen nach, sondern in der Form der Realisierung.

[65] „Das Wesen des Christusgeschehens ist ... die Vereinigung, das Wiederzusammenführen der verstreuten Glieder der Menschheit zu einem Leib. Sein Zeichen ist das Pfingstgeschehen, das Wunder des Verstehens, das die Liebe schafft, die das Getrennte zur Einheit bringt. In der Mission vollzieht so die Kirche das eigentliche Wesen der Heilsgeschichte, das Mysterium der Vereinigung. Mission geschieht, um das Pfingstwunder zu vollenden, die Zerrissenheit, die den Körper der Menschheit spaltet, zu heilen ... So wird in der Mission erst sichtbar, was Kirche ist: Dienst am Geheimnis der Vereinigung, das Christus in seinem gekreuzigten Leibe wirken wollte" (J. Ratzinger, Wesen und Grenzen der Kirche, in: K. Forster [Hg.], Das Zweite Vatikanische Konzil [Würzburg 1963] 68). Jene Taten sind also Taten Gottes, die für andere getan sind.

[66] Origenes, 7. Homilie über Leviticus, Nr. 2 (ed. Baehrens) 374–380; vgl. H. de Lubac, Glauben aus der Liebe (Einsiedeln 1970) 368–373.

[67] Martin Luther in Tessaradecas (1520).

[68] A. St. Chomjakov, Gesammelte Werke, in: H. Ehrenberg (Hg.), Östliches Christentum, Bd. II. (1925), 18 ff.

[69] München 1946, 68.

[70] Vgl. B. Roland-Gosselin, Le combat chrétien selon S. Augustin, in: Vie Spirituelle 24 (1930) 71–94.

[71] Johannes Tauler, Predigten, Bd. II (Einsiedeln 1979) 581.

Fünftes Kapitel: Hilfen zur Praxis

[1] K. Rahner, Sendung und Gnade. Beiträge zur Pastoraltheologie (Innsbruck – Wien – München 1959) 162–167.

[2] Ausführlich dargestellt in: M. Schneider, Aus den Quellen der Wüste (Köln ²1989); vgl. auch A. Grün, Der Umgang mit dem Bösen (Münsterschwarzach 1979).

[3] Vgl. M. Schneider, Das neue Leben, 277 f.

[4] Katholischer Erwachsenenkatechismus (Kevelaer 1985) 372.

[5] H. B. Meyer, Beichte und (oder) Seelenführung? Überlegungen eines in Not geratenen Seelsorgers, in: Or 29 (1965) 133–138; G. Muschalek, Beichte und geistliche Führung, 161–164.

[6] O. H. Pesch, Buße konkret, 22.

[7] Die Ostkirche kennt das Bekenntnis vor dem Amtsträger wie auch vor dem Geistbegabten, letzterem wird jedoch der Vorrang eingeräumt, weil dieser in das Herz blickt und auf den rechten geistlichen Weg bringt.

[8] Die Beichte bekommt so sehr einen immer „privateren Charakter", daß heute gefragt wird, inwiefern die Kirche das Recht habe, sich in das „Privatleben" des einzelnen einzumischen; die Versöhnung mit Gott

geschehe einzig im persönlichen Gegenüber zu Gott, im persönlichen Gebet.

[9] Vgl. dazu P. Anciaux, La théologie du sacrement de la pénitence au 12me siècle (Löwen 1949) 590; Dictionnaire de Spiritualité, ascetique et mystique, Bd. III (Paris 1957) 1084 ff, 1105.

[10] Was übrigens nicht sehr ungewöhnlich war; vgl. ebd. III 1103.

[11] Hierzu G. Muschalek, Beichte und geistliche Führung, 162.

[12] Der Ordo Paenitentiae betont: „Der Priester und der Gläubige, der beichten will, sollen sich auf die Feier des Sakramentes vor allem durch Gebet vorbereiten. Der Priester soll zum Heiligen Geist um Erleuchtung und Liebe beten …" (Nr. 18).

[13] Im Ordo Paenitentiae heißt es nach der Begrüßung: „Der Priester oder der Beichtende liest dann, wenn es nützlich erscheint, einen Schrifttext. Das kann auch schon bei der Vorbereitung auf die Feier des Sakramentes geschehen. Denn das Wort Gottes hilft dem Sünder bei der Erkenntnis seiner Sünden und ruft ihn zur Umkehr und zum Vertrauen auf die Barmherzigkeit Gottes" (Nr. 17).

Besonders danken möchte ich den Diplomanden Hubertus Goldbeck, Ansgar Wucherpfennig und Matthias Ziemens für das Lesen der Korrekturen.

Praktisches Lexikon der Spiritualität

Herausgegeben
von Christian Schütz
768 Seiten, gebunden.
ISBN 3-451-21063-0

In der Mitte dieses Lexikons stehen der Mensch und die Gestaltung seines Lebens aus dem Geist Jesu Christi. Hier wird Spiritualität zur fruchtbaren Spannung zwischen Innerlichkeit und Weltverantwortung, zwischen biblisch begründetem Glaubensdenken und den Einsichten moderner Humanwissenschaften sowie menschlichem Weisheitswissen:

„Ein gelungener Versuch, moderne Lebenswelt und christliche Lebensgestaltung als einander bedingende Größen zu verstehen. Das Lexikon zeichnet sich durch Offenheit, Problembewußtsein und versöhnte Verschiedenheit aus. Es gehört zu jenen seltenen Nachschlagewerken, die den Benutzer zum Fest- und Weiterlesen verleiten – nicht zuletzt dank der unpathetischen Sprache und dem spürbaren ernsten Bemühen aller Autoren, den Reichtum der Frohen Botschaft in die Sprache von heute umzusetzen" (Rheinischer Merkur).

Verlag Herder Freiburg · Basel · Wien

Johannes Bours

Halt an, wo laufst du hin?

Bildmeditationen

2. Auflage, 152 Seiten mit 42 Farbtafeln und
14 schwarzweißen Abbildungen, gebunden.
ISBN 3-451-20834-2

Johannes Bours gilt als „Vater" der Bildmeditation. Seine
über 50 exemplarischen Bildbetrachtungen sind hier erst-
mals als Buch zugänglich. In dem Band, der sich besonders
als Geschenk eignet, werden Bilder und Worte zu golde-
nen Brücken. Sie führen in die Tiefe, aus denen jeder
Mensch sein Leben empfängt und gestaltet. „Die Bilder
werden in der für Bours typischen, sensiblen Art erschlos-
sen. Im gewählten Wort wird jene Wirklichkeit hinter
Form und Farbe sichtbar, die sich in dieser Außenseite
eher verhüllt als offenbart. Wer sich von Bours führen
läßt, wird beschenkt und dankbar bei Jesus Christus, dem
Bild Gottes, ankommen" (Stimmen der Zeit).

Franz Kamphaus

Der Stein kam ins Rollen

Worte, die zum Glauben reizen

3. Auflage, 192 Seiten, Paperback.
ISBN 3-451-21835-6

„Franz Kamphaus, der Bischof von Limburg, sucht das Gespräch mit den Menschen. Sein Buch kommt aus vielen
Gesprächen und versteht sich als prägnante Gesprächsan-
regung auf dem gemeinsamen Weg des Glaubens. Er
spricht eine unverwechselbare Sprache, mitten in unser
Herz. In allen Texten wird die Ausstrahlungskraft des
Evangeliums spürbar: Der Funke springt über, der Stein
kommt ins Rollen" (Kirche und Leben).

Verlag Herder Freiburg · Basel · Wien